본죽의 비즈니스 미션

성경적 가치 경영

최 복 이 지음

우리의 길이요 진리요 생명되신 주께
이 책을 바칩니다

본 도서출판
월드

Slow-cooked Food Well-being
Korean food loved by everyone

- light and salt -

Contents

▼

Part 1

비즈니스 선교의 기초,
성경적 가치 경영

▼

Part 2

비즈니스 선교의 시대를
열게 하시다
BM매장의 시작과 구체적인 사례

Part 3

비즈니스 선교,
이렇게 하면 된다

BM매장을 이끌어가는 원리와 방식에 대하여

Part 4

우리에게 남겨진 거룩한 과업

인턴 선교사를 세우라

나는
비즈니스 선교사입니다

'비즈니스 선교사.'

이것은 나의 정체성이다. 하나님이 내게 부여하신 가장 소중한 직함이다.

돌아보면, 비즈니스 선교사가 되기까지 숱한 우여곡절이 있었다. 그러나 인간적인 시각에서는 위기의 연속이었으나 하나님의 시각에서는 그 모든 일이 비즈니스 선교의 체계를 세우시는 과정이었다.

결혼 이후 경제적 어려움을 딛고 시작한 사업. 승승장구하던 그 사업은 IMF으로 한 순간에 물거품이 되어버렸고 나는 아무런 희망이 없는 시간을 보내야 했다. 살기 위해 남편과 함께 거리로 나와 500원짜리 호떡 파는 노점을 시작했지만 그마저도 쉽지는 않았다. 남편 지인의 회사이자 요리학원에서 주방보조로 일을 했지만 그곳에서도 극도의 우울증과 신경쇠약으로 오래 버티지 못했다. 그러나 그 시간 속에서 하나님은 나를 선하게 인도해주셨고 그 시절의 경험을 통해 예상하지도 못한 죽집을 차리게 하셨다. 그렇게 탄생한 본죽! 물론 그 시작은 너무나 미약했다. 7-8개월 동안 하루에 몇 그릇 못 파는 날이 허다했고 메뉴 개발을 하면서 몸도 마음도 성한 곳이 없을 정도로 지쳐갔다. 하지만 어느 순간부터 손님이 줄을 서기 시작했고 계획에도 없었던 프랜차이즈 사업까지 시작하게 되었다. 말 그대로 대박이 났고 국가에서 주는 상들도 휩쓸기 시작했다. 하지만 2011년 일부 가맹점들의 문제가 매스컴에 방영되면서 잘 나가던 본죽 기업은 한 순간에 위기를 맞게 된다. 감사하게도 하나님은 그 기회를 통해 교만했던 내 모습을 회개하게 하셨고 기업 쇄신, 가맹점 쇄신, 그리고 나 자신의 쇄신을 위한 계기를 마련하게 해 주셨다. 이후로도 한식 세계화를 향한 해외사업이 번번이 실패하고 일부에서 제기한 오해로 법정에 서게 되는 일까지 일어났지만 하나님은 그 과정을 통해 온전한 선교적 기업이 되는 토대를 이루셨고 최종판결을 통해 억울함도 풀어주셨다.

하나님은 그렇게 나를 다듬어 가셨고 비즈니스 선교사로 세워가셨다. 그리고 이 책을 통해 지금 이 시대에 필요한 비즈니스 선교의 모델을 제시하게 하셨다. 물론 그 모델은 허황되거나 이상적이기만 한 것이 아니다. 하나님이 우리 기업을 깎고 다듬어가면서 구체적이고도 분명하게 보여주신 '실제'다. 지금 이 순간에도 우리는 하나님이 허락하신 비즈니스 선교의 길을 걷고 있다.

또한 하나님은 처음부터 이 위대한 비전을 보여주고 실행하게 하지 않으셨다. 작은 것에서부터 단계적으로 이루어나가게 하셨고 위기를 통해 더욱 단단해지게 하셨다. 사실 우리는 처음에, 기업을 통해 이윤을 창출하고 그 이익을 사회선교와 해외선교에 사용하여 하나님의 선한 기업을 이루는 것까지를 목표로 삼았다. 그러나 하나님은 한식의 세계화를 꿈꾸며 도전했던 많은 시도들을 수포로 돌아가게 하시면서 그 위기를 통해 'BM매장을 통한 비즈니스 선교'를 시작하게 하셨다. 단순히 수익의 일부를 선교에 쓰는 차원이 아닌, 비즈니스를 통해 선교를 실현하는 시스템을 허락하신 것이다. 그리고 이제는 여기에 그치지 않고 '비즈니스를 통한 선교'가 아닌 '비즈니스가 곧 선교'가 되는 시대를 열어가게 하셨다. 더 이상 비즈니스는 도구가 아니라, 선교 그 자체가 될 수 있는 길을 보여주신 것이다. 이전까지만 해도 선교를 목적으로 삼는 것에 그쳤다면 이제는 목적만이 아니라, 과정 그 자체가 선교가 되게 하신 것이다.

무엇보다 하나님은 이 모든 과정을 통해 비즈니스 선교의 정의를 분명하게 내려주셨다. 성경적 가치와 방식(하나님 방법)으로 경영하여 하나님 나라를 위해 선교와 구제를 하는 것, 이것이 하나님이 이 시대에 요구하시는 비즈니스 선교였다. 한편 이와 같이 비즈니스 자체가 사역이 되고 선교가 되고 사명이 되면, 임직원은 사역자, 선교사, 제자가 되고, 일은 예배와 기도가 되고 일터는 교회, 목장, 선교지가 됨을 깨닫게 해 주셨다.

이제 하나님은 이 위대한 비즈니스 선교의 원리를 나누게 하신다. 과정이 곧 목적이 되는 비즈니스 선교, 삶과 사역과 일이 하나로 연결되는 비즈니스 선교의 기틀을 정립하고 전하게 하신다.

　오늘날, 선교가 현실적으로 어려워지고 있다. 아마 선교현장에 나가 보았거나 선교와 관련된 사역을 하는 사람들이라면 다 통감하는 부분일 것이다. 그런 이 시대에, 하나님께서 깨닫게 해 주신 비즈니스 선교는 이 위기를 극복할 대안이 된다. 인간의 지혜에서 나온 대안이 아닌, 하나님이 온전히 깨닫게 하시고 제시해 주신 대안……. 그 대안을 이 책의 지면을 통해 공유해 보도록 할 것이다. 비즈니스 선교의 샘플로 쓰임 받았던 본죽이 걸어온 길을 잠시나마 나누고, 그 안에서 하나님이 제시해 주셨던 성경적 가치에 따른 비즈니스의 원리를 정리해 보도록 할 것이다. 그리고 실제 해외 선교 현장에서 BM매장을 통해 이루어지고 있는 비즈니스 선교의 원리와 적용방안들 그리고 하나님이 지금 우리에게 남겨주신 숙제인 인턴 선교사를 세우는 거룩한 과업에 대해서도 다루도록 할 것이다.

　이 책이 전하는 비즈니스 선교에 대한 새로운 접근이 하나님 나라의 확장을 위해 귀하게 사용되길 간절히 기대해 본다. 다양한 현장에서 선교 사역을 감당하는 선교사들은 물론, 하나님의 선한 뜻을 실현하기 위해 노력하는 기업들, 그리고 선교의 미래를 짊어질 한국 교회의 청년들 모두가 이 책을 통해 이 시대를 향한 하나님의 뜻을 발견하기를 기도한다.

2019. 10월
염창동(소금창고)에서 **최 복 이**

Part **1**

비즈니스 선교의 기초,
성경적 가치 경영

"하나님을 사랑하는 자 곧 그의 뜻대로
부르심을 입은 자들에게는 모든 것이 합력하여 선을 이루느니라"
(로마서 8:28)

서문에서도 제시하였던 것처럼, 하나님의 일은 과정이 곧 목적이다. 그만큼 비즈니스 선교에 있어서 방법 하나하나가 하나님의 뜻에 부합해야 한다. 곧 성경적 가치를 그대로 따라야 한다. 아무리 추구하는 목적이 거룩해 보여도 그 과정이 하나님의 방식과 거리가 있다면 그것은 하나님의 일이라 할 수 없다. 그러기에 이 파트에서 다루게 될 성경적 경영방식은 매우 중요하다.

간혹 비즈니스 선교에 대해 비판적인 시선을 마주할 때가 있다. 그들은 비즈니스 선교가 순수한 선교가 아니라고 생각한다. 그러나 그 과정 하나하나가 하나님의 방법, 곧 성경적 가치에 근거한 것임을 안다면 생각을 교정할 수 있지 않을까 생각한다. 하나님을 통해 수익을 얻으려는 것이 아니라, 수익을 얻는 과정 그 자체가 하나님의 뜻을 실현하는 것에 결부된다면 그 비즈니스는 그 자체로 사역이자 선교이자 사명이 될 수 있을 테니 말이다.

약함의 대명사인 죽,

그 죽을 통해
하나님은 하나의 기업을 세우셨다

약함에서 출발한 그 기업은
오늘날 선한 영향력을 끼치는 강력한 도구로,

그리고 비즈니스 선교의
새 문을 열 열쇠로 쓰임 받고 있다

Chapter 1

오늘의
비즈니스 선교를 위해
오래 전 한 기업을
세우시다

아무도 주목하지 않았던,
그러나 하나님은 주목하셨던 한 매장

하나님은 '가장 취약한 곳'에 '가장 나약한 사람'을 세워 '가장 미약하기 그지없는 매장'을 시작하게 하셨다. 심지어 그곳에서 판매하는 죽이라는 아이템 역시 '연약함' 그 자체였다. 이것이 바로 '본죽'의 시작이었다.

당시 사람들은 저마다 망할 것이라고 호언장담했다. 서울대병원 근처, 아주 외진 곳에 오픈한 매장을 본 이상, 그렇게 말하지 않을 수 없었다. 이곳에 가게를 여는 사람마다 망했으니, 그렇게 생각하는 게 당연했다. 심지어 아픈 사람들이나 먹는 게 죽이 아닌가. 그런데 누가 굳이 돈을 내고 죽을 사먹겠느냐고 했다. 불리한 상권, 불안한 업종 때문에 저마다 안쓰러워 했고 나 역시도 암담했다.

누가 보아도 실패할 수밖에 없는 약하디 약한 사업체……. 그러나 하나님께 있어 그런 약함은 아무 문제가 되지 않았다. 오히려 하나님의 도구가 될 최적의 상태가 되어주었다. 우리가 가진 것이 크든, 작든, 약하든, 강하든, 하나님이 함께하시면 되는 것이었다. 한마디로, 약함은 곧 강함이었다. 하나님은 그 이후로 약함의 대명사인 죽을 통해 기업을 성장시켜 주셨고 이 기업을 선한 영향력을 끼치는 강력한 도구로 삼아주셨다.

사실 처음에는 그 누구도 알지 못했다. 그 작고 연약한 죽집이 후에 비즈니스 선교의 새로운 막을 열 도구로 쓰임 받게 될 것이라고는……. 그러나 아무도 주목하지 않았던 그 작은 매장을 하나님은 항상 주목하셨고 선교의 씨앗이 되게 하셨다.

하나님의 선물 '본죽'에 담긴 의미와 가치

사실 한때 한국 사람에게 '죽'은 가난과 어려움을 상징하는 음식이었다. 보릿고개를 죽으로 넘어왔던 시절, 꿀꿀이죽을 먹던 시절을 겪어본 사람들은 다 알 것이다. 그러나 '죽'은 가난을 상징하는 음식, 그 이상이다. 오히려 그 어려운 시절을 이겨낼 동력이 되었기에, 우리 국민들의 영혼이 담겨 있는 소울 푸드라고 할 수 있다. 더불어 이제는 생명을 살리는 음식으로서 홀리 푸드가 되어가고 있다.

또 하나, '죽'은 병든 사람이 먹는 음식이기도 하다. 곧 치유의 음식이다. 나약해진 몸 상태에서 유일하게 먹을 수 있는 음식, 그리고 그 몸을 회복시키는 능력이 담긴 음식, 그것이 바로 죽이다. 실제로 서울대병원 암센터에 계시는 한 의사 선생님은 치료 받기 전, 본죽에서 만드는 전복죽을 먹고 오라고 하신다(참고로 본죽 본점은 서울대병원 옆에 있다). 본죽의 전복죽을 먹으면 암 치료받기 좋은 몸 상태가 되도록 수치가 올라간다는 것이다. 체력수치가 안 올라가 다음 치료를 못 받는 경우가 있는데, 이 전복죽을 먹으면 치료받기 좋은 상태가 된다니 놀라울 따름이었다. 그만큼 '죽'은 치료의 음식이자, 국민건강을 책임지는 양식이다.

뿐만 아니라, '죽'은 태어날 때부터 죽을 때까지 먹는 유일무이한 음식이기도 하다. 가장 연약한 때인 영유아 시절에 먹는 음식이 '죽'이고, 죽기 전에 쇠약해진 몸으로 먹는 음식이 '죽'이다. 그야말로 요람에서 무덤까지 먹는 음식이 '죽'이다. 실제로 어느 장례식장에 갔을 때, 이런 인사를 받은 적이 있다.

"우리 어머니, 우리 아버지 돌아가실 때까지 본죽 먹다 돌아가셨어요."

그만큼 '죽'은 그 자체로 국민 브랜드이자, 한국인의 소울푸드다.

그런데 여기서 '죽'과 비슷한 기능을 하는 것을 떠올릴 수 있어야 한다. 가난하고 병든 사람을 소생시키는 '죽', 죽어가는 자를 살아나게 해 주는 죽……. 이것과 동일한 것이 무엇이겠는가? 바로 복음이다.

복음은 병들고 가난하고 죽어가는 영혼들을 소생시킨다. '죽'이 들어가서 죽어가는 사람이 기운을 차리듯, '복음'이 들어가면 예수그리스도의 생명과 십자가 보혈을 통해 죽어가는 영혼이 소생된다. 그만큼 '죽'은 '복음'과도 너무나 닮아있다. '살리는' 역할을 하는 하나님의 역사를 이루어 간다는 점에서 더욱 그러하다.

이렇게 '본'의 의미, '죽'의 가치를 바로 알아가면서 하나님이 이 기업에 원하시는 것이 무엇인지, 이 기업을 통해 하시고자 하는 일이 무엇인지를 더욱 분명히 알 수 있었다. 곧 정체성을 확고히 세울 수 있다.

그리고 이제는 그 정체성에 따라 세계로 나아가고 있다. 더 많은 수익을 위해 세계로 나아가는 것이 아니라, 복음을 들고 영혼을 살리기 위해 세계로 나아가고 있다. 하나님이 세우신 의도 그대로, 기업 자체가 선교 사역의 거점이 되고 있으며 비즈니스 선교의 모델로 쓰임 받고 있다.

본죽의 비즈니스 미션 **성경적 가치 경영**

죽 한 그릇으로 시작된 사명

어머니의 정성으로 한 그릇씩

하나님은 오늘의 비즈니스 선교를 위해 오래 전 한 매장을 열게 하시고 하나님의 기업으로 성장하게 하셨다. 그런데 하나님은 이 기업을 향해 선교적 '목적'만을 강조하신 것이 아니다. 기업이 한 걸음 한 걸음 나아가는 '과정' 자체가 선교가 되게 하셨다. 곧 어떤 방법을 써서든 수익만 많이 내면 된다고 가르쳐주지 않으셨다. 기업이 운영되는 과정 하나하나가, 단계 하나하나가 그 자체로 사랑과 섬김이 되게 하셨고 그 과정 안에서 이미 선교가 싹 틀 수 있게 하셨다.

특히 하나님은 죽 한 그릇을 내어놓더라도 '어머니의 정성으로 한 그릇씩' 소중히 대접할 수 있도록 이끄셨다. 정성을 담아 사랑을 전하고 그 사랑에 힘입어 건강해질 수 있도록 돕게 하셨다. 곧 고객 한 분 한 분을 위해 음식을 준비하고 만들고 대접하는 모든 과정이 하나님의 사랑을 증거 하는 일이 되게 하셨고 이것이 곧 선교의 한 모습이 되게 하신 것이다.

그래서 우리는 지금도 하나님의 사랑을 가장 많이 닮은 어머니의 사랑을 음식에 담고자 노력한다. 그 사랑을 담아내는 것이 이 기업을 향한 하나님의 뜻임을 잘 알기 때문에 매순간 어머니의 마음을 가지려고 노력한다.

마음을 다해 주께 하듯

본죽을 처음 시작할 때만 해도 한 시간에 한 분 정도 손님이 오곤 했다. 그때는 그 손님이 하나님 같았다. 최대한 맞춤형으로 정성껏 죽을 끓여드렸다.

하나님은 그때부터 고객을 대하는 자세가 어떠해야 하는지를 깨닫게 해 주셨다. 주께 하듯 정성으로 대해야 할 존재가 고객임을 알게 하셨고, 그런 자세를 매순간 갖는 것이 선교적 기업이 가져야 할 기본기임을 알게 하셨다.

또한 하나님은 한 영혼 한 영혼의 소중함을 상기할 수 있게 해 주셨다. 요리를 할 때도 오직 그 한 영혼을 위해 한 그릇의 음식을 만들 수 있게 하셨다. 음식을 만들고 대접하는 과정에서부터 한 분 한 분의 소중함을 알아야 한 영혼의 가치를 알 수 있고, 한 영혼의 가치를 귀히 여길 줄 알아야 진심어린 사랑을 담아 복음을 증거 할 수 있기 때문이다.

이처럼 하나님은 예수님이 가르쳐주신 새 계명대로, 하나님 사랑과 이웃 사랑이 함께 가는 기업을 세워 나가셨다. 하나님을 섬긴다고 하면서 사람에는 정성을 다하지 않는 괴리에서 벗어나, 하나님을 사랑하는 만큼 그 사랑을 고객들에게 전할 줄 아는 기업으로 성장하게 하신 것이다. 무엇보다 이 모든 것은 지금의 비즈니스 선교 시대를 열기 위한 기반이 되어주었다.

세계로 향하는 거룩한 비전

작은 씨앗 하나가 거룩한 비전이 되어

'외국인이 우리 매장에서 본죽을 먹는다면 얼마나 좋을까?'

'그들이 몸에도 좋고 맛도 좋은 이 음식을 접한다면 얼마나 좋을까?'

언젠가부터 '외국인들에게도 본죽을 소개하고 싶다'는 작은 소망이 깃들기 시작했다. 그때 우리는 그 작은 소망이 잠시 스쳐가는 마음에 그치지 않도록 실행에 옮기기 시작했다. 특별하거나 거창한 것을 한 것이 아니다. 본죽 1호점부터 시작하여 간판과 메뉴판에 영어와 일어를 병기하기 시작했다. 한식을 해외로 진출시키기보다는, 외국인이 우리 매장에서 식사할 수도 있다는 작은 바람을 그 안에 담아 번역 작업을 시작한 것이다. 물론 고유명사로 된 한식 메뉴를 외국어로 번역하는 것이 쉬운 일은 아니었다. 그러나 보다 정확한 번역을 위해 번역가들을 찾아다니면서까지, 단어 하나하나를 옮기는 데 정성을 기울였다.

그때까지만 해도 몰랐다. 그런 시도가 훗날 어떤 결과를 가져올지를……. 하나님이 우리에게 어떤 일을 예비해 두셨는지를…….

놀랍게도 하나님은 간판과 메뉴판에 영어과 일어를 병기한 것을 시작으로 해외로 눈을 돌릴 수 있게 되었다. 단지 우리나라에 방문한 외국인들이 매장에 오길 바라며 표기했던 그 시도들이 해외사업의 비전으로 확장되어간 것이다. 그 작은 노력이 한식의 세계화를 품게 하는 기초가 되고 더 나아가 세계 비즈니스 선교의 비전을 품게 하는 씨앗이 된 것이다.

뿐만 아니라, 1호점 길 건너편, 대학로 마로니에 공원에서 노숙인들을 섬겼던 일들이 오늘의 본사랑을 있게 했다. 그 작은 섬김이 비전이 되어 오늘날 본사랑은 사회공헌의 비전을 품는 기관으로서, 굶주린 아이들을 돌보고 키우는 NGO단체로서 하나님께 쓰임 받고 있다. 또한 노숙인을 위해 헌신한 봉사자들을 식사로 섬겼던 작은 사역들이 비전이 되어 오늘날 본월드미션을 통한 선교사 섬김의 사역이 이루어지게 되었다.

하나님은 거대해 보이거나 거창해 보이는 것들로 일을 이루지 않으신다. 눈에 띄지 않을 정도로 작고 미약한 것을 비전의 씨앗으로 보시고 창대하게 축복하신다. 성경에서도 하나님은 크고 눈에 띄는 것이 아니라, 다윗의 작은 물맷돌 하나, 과부의 떡 한 쪽과 기름 한 병, 아이의 오병이어 도시락 하나를 사용하시 않으셨는가! 그것이 놀라운 역사를 일으키는 비전이 되게 하지 않으셨는가!

"네 시작은 미약하였으나 네 나중은 심히 창대하리라" (욥기 8:7)

"잘하였도다 착하고 충성된 종아 네가 적은 일에 충성하였으매
 내가 많은 것을 네게 맡기리니
 네 주인의 즐거움에 참여할지어다" (마태복음 25:21)

"우리가 이 보배를 질그릇에 가졌으니
 이는 심히 큰 능력은 하나님께 있고
 우리에게 있지 아니함을 알게 하려 함이라" (고린도후서 4:7)

비전을 품게 하시고
그 비전을 이루도록 도우신다

하나님은 우리를 사랑하신다. 얼마나 사랑하시는지, 십자가 보혈로 구원의 은혜를 주신 이후에도 친밀한 관계가 이어지길 바라신다. 지속적인 만남이 이어지길 바라신다. 그리고 우리가 더 성장하고 성숙해지고 강건해지길 바라신다. 마치 부모가 사랑하는 자녀의 건강한 성장과 발전을 바라는 것처럼.

또한 하나님은 사랑하는 당신의 자녀가 자신과 닮아가기를 바라시고 자신의 동역자가 되어 함께 하나님 나라를 확장해 나가길 기대하신다. 그만큼 하나님은 우리와 함께하고 싶어 하신다. 얼마나 우리를 사랑하시는지, 한 순간도 떨어져있길 원치 않으신다.

그래서 하나님은 우리와 함께하게 하기 위해 그 뜻을 우리 마음에 두신다. 소원으로 두게 하시고 그 소원을 통해 비전을 품게 하시며 사명을 감당하게 하신다.

그런데 이것이 끝이 아니다. 사명과 비전을 주시는 것만이 아니라, 그것을 이룰 '능력'까지 허락하신다. 주의 영이신 보혜사를 보내사 그 곁에서 늘 돕게 하시고 무엇이든 능히 행하게 하신다. 성령의 기름을 부어주사, 어디를 가도 담대함으로 이겨내게 하신다.

그러기에 우리가 할 일은 따로 없다. 주님께 시선을 고정하고 주님께 온전히 집중하며 그분의 세미한 음성을 듣는 것, 그거면 된다. 그 음성에 적극적으로 반응하고, 때때로 기도와 회개로 나아가 거룩하고 청결한 그릇을 유지하는 것, 그거면 충분하다. 그런 마음이 있기만 하면, 하나님이 알아서 역사하신다. 주 안에 있기만 하면 하나님은 우리를 통해 그분이 뜻하신 모든 것을 이루시고 행하신다. 순종하겠다는 마음과 헌신하겠다는 결단, 충성하겠다는 의지를 가진 채 주님을 따르고자 한다면 그 다음은 성령이 온전히 이끄신다.

"이는 내 멍에는 쉽고 내 짐은 가벼움이라 하시니라" (마태복음 11:30)

지금도 하나님은 우리 마음에 꿈을 심어주신다

믿음 약할 때, 그토록 가난했을 때, 문득 이런 기도를 드렸다. 기도하는 것에 대해서도 잘 모르던 내가 무작정 하나님께 이런 고백을 드려버린 것이다.

본죽의 비즈니스 미션 **성경적 가치 경영**

"하나님! 하나님이 계시면 저한테 축복 좀 주세요. 제가 돈 꾸러 다니면서 민폐 끼치고 손가락질 당하지 않게 해 주시면, 나눠주고 꿔주고 베푸는 선한 부자가 될게요."

그때 막연히 가졌던 선한 부자의 꿈! 그 꿈도 돌아보니 하나님이 주신 꿈이었다는 생각이 든다. 놀랍게도 그때 생긴 기도 제목이 지금까지 이어오고 있기 때문이다.

본월드 그룹, 특히 본사랑 재단은 통해 이어지는 그 나눔의 역사는 하나님이 심어주신 그때의 작은 꿈에서 비롯되었다. 또한 한식의 세계화에 대한 비전에서부터 시작하여 세계 복음화로 열방을 품게 된 비전 역시 하늘로부터 온 작은 꿈으로부터 시작된 것이다.

"너희 안에서 행하시는 이는 하나님이시니
 자기의 기쁘신 뜻을 위하여
 너희에게 소원을 두고 행하게 하시나니" (빌립보서 2:13)

하나님은 지금도 우리에게 꿈을 심어주시고 거룩한 비전을 품게 하신다. 지금 우리가 시작하고 있는 비즈니스 선교도 앞으로 하나님이 어떻게 확장해 나가실지 모른다. 우리는 하나님이 주신 비전을 마음에 소중히 품고, 매순간 순종함으로 나아갈 뿐이다.

오로지 선교를 위해서만 움직이던 본월드미션…
하나님은 이제 본월드미션이

선교사 파트너십의 표본이 되게 하신다

지속가능한 선교사역과
비즈니스의 접목을 이루어내신다

Chapter 2

비즈니스 선교를 위해
쓰임 받고 있는
'본월드 그룹'

여기에서는 Chapter 1에 이어, 기업의 구체적인 사명에 대해 다루게
될 것이다. 이것은 본격적으로 다루게 될 성경적 경영 방식(Chapter 3)에
앞서 기업에 대한 개괄적인 내용 및 각각의 역할을 보여주는 것이라고도
할 수 있다.

기독교 기업 '본아이에프'

본래 본죽이라는 기업은 일반 기업으로 출발했지만, 지금은 기독교
기업이 되어 하나님의 킹덤 컴퍼니를 이루고 있다. 처음 일반 기업일 때
만 해도 일부 열매를 교회나 개인을 통해 나누는 정도가 전부였다. 그러
나 이제는 성경적인 가치에 따른 경영 아래 모든 것이 움직이고 있고 그
가운데서 선교 사명을 감당하는 기업으로 성장해 나가고 있다.

조금 더 구체적으로 설명하자면, 남편 김철호 회장이 맡고 있는 국내 기업인 본아이에프가 기독교 기업까지의 모습을 띠고 있다면 내가 맡고 있는 해외 주식회사인 본월드 그룹은 선교적 기업이다.

먼저 본아이에프의 경우, 일반 기업에서 기독교 기업으로 나아가기까지 우여곡절이 많았다. 그러나 그 위기의 순간이 오히려 하나님의 기업이 되게 하시려는 인도하심이었다. 위기의 순간을 계기로 내가 대표이사로 세워지면서 본격적으로 기독교기업으로 탈바꿈하기 위한 움직임이 시작되었는데 일차적으로 한 일은 예배문화를 기업 안에 들여놓은 것이다. 물론 초기에도 작은 규모의 신우회가 있기는 했지만 전 직원이 함께 예배를 드리는 일은 없었다. 그러나 이제는 한 달에 한 번씩 열리는 아카데미 시간에 전 직원 채플이 드려지고 있다. 본래 국내에서는 직장 내 채플 강요가 어려운 것이 현실이지만 급여를 받고 일하는 근무시간 중의 채플은 가능하다고 하여 지속할 수 있게 되었다. 또한 예배만이 아니라, 교육 프로그램이나 워크샵을 통해 기독교적인 세계관과 가치관을 심어주는 교육 프로그램도 지속적으로 병행하고 있다.

여기에다가 수익의 10%는 어려운 이웃을 위해서 쓰고 기독교 가치관을 직원들에게 가르치며 한 달에 한 번씩 섬김의 날을 지정하여 어려운 이웃을 돕는 등 기독교적 섬김의 문화를 이어가고 있다.

선교적 기업 '본월드 그룹'

(주)본월드 & (사)본사랑 & (재) 본월드미션

선교적 그룹인 본월드 그룹은 해외기업인 주식회사 본월드, 이웃사랑 실천재단인 본사랑재단, 선교재단인 본월드미션을 중심으로 형성되어 있는데, 본아이에프와 달리 완전히 선교적 그룹으로 움직이고 있다.

먼저 본월드는 "건강한 한식으로 세계인의 건강을 돕는 것"을 미션으로 삼고 있고 "세계인의 한식 일상화"를 비전으로 선포하고 있다. 또한 본월드에서는 성경적 가치경영 즉 성격적 6대핵심 가치를 실현하고 있으며 일반 가맹사업과 무역사업을 주력으로 하고 있다.

BM매장_ 한글 교실을 통한 관계 전도 (우크라이나, 루마니아)

본죽&비빔밥 Cafe 해외 가맹점

오픈 : 22개 매장
예정 : 2개 매장

2019. 9. 25 현재

대한민국 1,800개 가맹점 운영

CHINA

중국 - 13개점
연길점, 연길2호(예정)
훈춘점
용정점
위해 1호점, 위해 문등점
위해 3호점
쿤산 1호점, 쿤산(예정)
천진점
무한 1호점
상해 양푸구점
동강점
장춘점
청도점
상해푸동공항

베트남 - 1개점
하노이점

일본 - 1개점
동경 MF – 신오오쿠보점

미국 - 7개점
뉴욕 (플러싱점)
뉴저지 (뉴저지점)
뉴저지 (포트리점)
윌셔점
플러튼점
조지아 (아틀란타점)
로렌하이츠

오픈 전 coming soon 홍보

본죽의 비즈니스 미션 **성경적 가치 경영**

본죽&도시락 cafe 해외 가맹점

2019. 9. 25 현재

오픈 : 31개 매장
예정 : 5개 매장

체코 :1 우크라이나 : 1 키예프
프라하
루마니아 : 1   B국 : 10
스페인 : 예정 브라쇼브
프라하   A국 : 1
                일본 : 1
F국 : 1 (예정 1)   V국 : 4   이치하라
E국 : 1   동경(예정)
D국 : 1   C국 : 2 (예정1)
                필리핀 : 1
캄보디아 : 3   다바오   멕시코 : 1
                           께레따로1
깜뽕톰   께레따로2(예정)
프놈펜   브라질 : 1
씨엔립   쌍파울로1
                           쌍파울로2

루마니아 오픈 사진

특히 BM 매장 비즈니스 선교를 지원하고 주도하는 일은 본월드의 궁극적인 목적이며 사명이다.

노숙자 사역(우크라이나)

구체적으로 본죽앤비빔밥은 일반 가맹 사업 브랜드이고 본죽앤도시락은 선교브랜드다. 참고로, 최근에는 하나님께서 미국과 캐나다에 파우치 형태의 제품죽을 수출하도록 무역의 큰 물고를 터주셨다. 이처럼 하나님은 본월드를 본사랑과 본미션의 중요한 물질 공급라인으로 축복하고 계신다.

다음으로 본사랑 재단은 섬김, 나눔, 복음 이 세 가지를 설립이념으로 삼고 있다. 그 이념에 맞게 미션 역시 '본사랑은 복음과 섬김으로 이웃들의 변화와 행복을 돕는다'이며, '온누리에 이웃사랑을 실천'하는 것을 비전으로 선포하고 있다.

본죽의 비즈니스 미션 **성경적 가치 경영**

본사랑의 사업은 본죽 대학로 1호점이 출발할 때부터 시작 되었으며, 사업은 크게 국내에서 이루어지는 사회공헌 사업과 해외사업이 있다.

국내에서 이루어지는 사회공헌 사업으로는 지역사회의 나눔이 필요한 이웃들에게 본죽을 비롯하여 도시락, 식자재 등을 지원하여 영양개선을 돕고 건강한 삶을 도모하는 식지원사업과 쪽방촌 주민들에게 다양한 문화 체험을 제공하는 쪽방촌 문화교실이 있다. 또한 전국 뇌성마비인 축구대회, 전국 발달장애인 댄스 경연대회 등을 통한 장애,비장애인의 통합의 장을 열어 지역사회 지원을 하고 있으며, 본그룹 임직원을 비롯한 협력사, 가맹점 사장님, 소비자까지 활동에 참여할 수 있는 다양한 섬김활동(사랑의 김장나눔, 행복 나눔 바자회, 한숟가락 큰 나눔, 한마음 행복 나누미)을 통해 이웃 사랑을 실천하고 있다.

식지원사업(본죽, 본도시락, 본설, 식자재 지원)

사랑의 김장나눔

해외사업으로는 세계 각국의 빈민 아동 및 고아들을 살리기 위해 후원자들과 1:1 결연을 통해 지원하는 세계빈곤 아동 꿈드림 사업과 저개발국 아동들의 영양실조 상태를 개선하기 위해 개발된 본사랑 죽을

지원하는 본사랑죽 지원사업, 아동교육
교재가 부실한 저개발국가 나라에 건강
한 교육교재 "Wonderful story" 책과

CD, 워크북을 무상으로 보급하는 어린
이 교육교재 사업, 본사랑 해외의료지원 사업 등을 감당하고 있다.

또한 해외 매장을 통해 매장에 대한 로열티 100불을 받지 않고 로열티
로 현지의 노숙자나 빈곤아동케어로 약정하여 이웃사랑을 실천하고 있다.

본사랑 죽지원 사업

본월드미션은 "오직 복음"이라는 설립이념 아래 움직인다. "내가 너를
이방의 빛으로 삼아 너로 땅끝까지 구원하게 하리라"는 사도행전 13장47
절 말씀을 미션으로 실행하고 있으며, "땅끝까지 복음을 전파하라"는 말
씀을 비전으로 선포한다.

본월드미션은 "선교" 그 자체이며 오직 선교를 위해서만 움직인다.

본죽의 비즈니스 미션 **성경적 가치 경영**

2만7천여 선교사님들의 건강과 환경을 보살피고 사역에 협력하는 일을
중심으로 활동하는데, 조금 더 세부적으로는 선교사 케어, 사역 지원, 파
트너십으로 나뉜다.

MK 다니엘 캠프

그 중에서도 핵심적인 영역 중 하나는 선교사 케어에 있어 게스트하우
스, 영성회복, 치유상담 사역, MK지원 등을 중심으로 이루어지고 있다.

특히 선교사 전용 숙소인 게스트하우스는 국내에 들어온 선교사들이
일시적으로 머물 수 있는 최적의 공간이다. 또한 '선교사 1박 2일 힐링피
크닉'을 통해 잠시나마 쉼을 얻을 수 있도록 지원하고 있다.

영성회복에 있어서는 선교동행예배(수요일)와 선교사순종예배(주일)
를 통하여 성령충만을 추구하고 있다. 또한 선교사님들의 육의 치료를 위
해 연세의료원에 진료비 지원으로 협력하고 있으며, 치유상담으로 이고
그램을 통한 섬김을 이어가고 있다.

그리고 매년 MK다니엘 장학캠프를 통해 선교사 자녀들(MK, Missionary Kinds)에게 장학금 지원과 캠프를 진행하며, 어린이 성경보급(Wonderful story 영어, 워크북), 문화선교지원(미디어선교)에 힘쓰고 있다.

단지 선교사들이 감당하는 '선교 사역에 대한' 지원만이 아니라 '선교사들을 위한' 케어 역시 중요함을 강조하고 있다.

그밖에도 지속적인 선교사역과 비즈니스의 접목을 통해 해외 선교사들과 파트너십을 유지하고 있다. 이러한 선교사 파트너십은 신개념 비즈니스 선교 사업으로, 사역과 사업이 교차하는 축이라고 할 수 있으며 그만큼 해외사업에도 잠재가능성을 드러낸다.

방글라데시 봉사

본죽의 비즈니스 미션 **성경적 가치 경영**

선교사 교회

선교 동행 예배	선교 순종 예배
수요일 11 : 00시	주일 11 : 00시
어노인팅	선교 간증 설교
찬양과 경배	선교사 교제

본월드 경영맵

설립 이념

모두가 협력하여 선을 이룬다!
All things work together for good

비전

건강한 한식으로 세계인의 건강을 돕는다

미션

세계인의 한식 일상화

사훈

하나님께 영광, 세상에 빛과 소금

슬로건

어머니의 사랑, 맛있는 건강

6대 가치

'경쟁' 보다 '협력'	'개인' 보다 '우리'	'이윤' 보다 '가치'
'성공' 보다 '사명'	'계약' 보다 '약속'	'빨리' 보다 '멀리'

본사랑 운영맵

설립이념

섬김, 나눔, 세움
Service, Sharing, Build

미션

본사랑은 복음과 섬김으로 이웃들의 변화와 행복을 돕습니다

비전

온누리에 이웃 사랑을 실천합니다

주요사업

사회공헌	국제 NGO
건강 식자원 사업 본사랑죽 지원, 식자재 지원	세계 아동 꿈드림 사업 본사랑 죽지원 사업
지역복지사업 쪽방촌 문화교실, 전국 뇌성마비인 축구대회, 전국발달 장애인 댄스대회, 참여캠페인본사랑 봉사단, 사랑의 김장나눔, 행복나눔 바자회, 감사나눔여행 한숟가락 큰 나눔, 한마음 행복 나누미)	어린이 교육교재 보급사업 본사랑 해외 의료지원 사업

본월드미션 운영맵

설립이념

오직 복음
Only the Gospel

미션

내가 너를 이방의 빛으로 삼아 너로 땅끝까지 구원하게 하리라

비전

땅끝까지 복음을 전파하라

주요사업

선교사 케어	선교사 사역지원
게스트하우스	교회와 학교 설립지원
영성회복 및 치유상담 사업 선교사1박2일 힐링피크닉 선교동행예배(수), 선교사 순종예배(주일)	문화선교지원 미디어선교
MK지원 장학금, 다니엘MK 캠프	비즈니스 선교

본죽의 비즈니스 미션 **성경적 가치 경영**

Chapter 3

비즈니스 선교의
토대가 되는
성경적 가치 경영의 실제

여기서는 본격적으로 우리 기업이 추구해 온 성경적 경영 방식을 하나씩 다루도록 할 것이다. 물론 다른 기업이 이대로 해야 한다는 것이 아니다. 하지만 성경이 전하는 진리 안에서 결국은 통합된 원리를 추구하게 될 것이다.

성경적 가치경영의 기초

설립이념

철저하게 성경적 가치 경영을 중심으로 돌아가는 본월드 그룹의 설립 이념은 로마서 8장 28절 말씀에 근거한 "모든 것이 합력하여 선을 이룬다"(All things work together for good)이다.

본월드 그룹은 밥과 복음을 통해 생명을 살리는 기업으로 나아가는 것을 미션으로 삼고 있으며, 본기업과 본사랑, 본미션이 연합하여 세계적인 본이 되는 선교 그룹을 이루는 것을 비전으로 삼고 있다.

6대 핵심 가치

본월드 그룹의 6대 핵심가치는 먼저 인류경영, 신뢰경영, 지속경영이라는 세 가지 영역으로 나뉘는데, 인류경영의 차원에서는 경쟁보다 "협력", 성공보다 "사명"을 핵심가치로 내세우고 있으며, 신뢰경영의 차원에서는 나보다 "우리", 계약보다 "약속"이라는 가치를 내세운다. 마지막으로 지속경영에서는 이윤보다 "가치", 빨리보다 "멀리"를 핵심가치로 내걸고 있다.

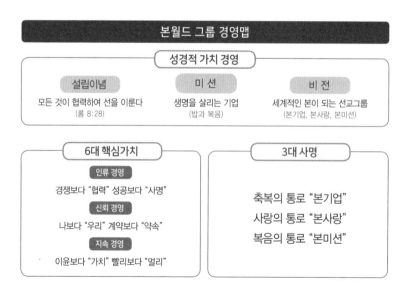

본월드 그룹 경영맵

성경적 가치 경영

설립이념	미 션	비 전
모든 것이 협력하여 선을 이룬다 (롬 8:28)	생명을 살리는 기업 (밥과 복음)	세계적인 본이 되는 선교그룹 (본기업, 본사랑, 본미션)

6대 핵심가치

인류 경영
경쟁보다 "협력" 성공보다 "사명"

신뢰 경영
나보다 "우리" 계약보다 "약속"

지속 경영
이윤보다 "가치" 빨리보다 "멀리"

3대 사명

축복의 통로 "본기업"
사랑의 통로 "본사랑"
복음의 통로 "본미션"

여기에 더하여 3대 사명을 감당해야 하는데 "본기업"은 축복의 통로로서의 사명을, "본사랑"은 사랑의 통로로서의 사명을, "본미션"은 복음의 통로로서의 사명을 가지고 있다.

'사명'이라는 것은 말 그대로 이 세 가지는 우리가 생각하고 구상한 것이 아니라, 하나님이 본월드라는 선교적 그룹에 맡기신 '분부'들이다.

성경적 인재상

하나님은 본월드 그룹을 직접적으로 움직이지 않으시고 사람을 통해 움직이게 하신다. 이렇게 사람이 중요한 만큼 바른 인재상을 정립하는 것 역시 매우 중요하다. 아마 사업을 해 본 사람들은 다 알 것이다. 결국은 사람이 문제임을……

그렇다면 본월드 그룹이 지향하는 인재상을 한마디로 말하면 뭐라고 할 수 있을까? 바로 '전문가형 멀티 플레이어'다. 이는 '리더십형 인재'라고도 할 수 있다. 이런 유형의 인재는 어느 위치에 있든 자신을 하나님이 세우신 리더십으로 생각하며 인성, 지성, 영성을 고루 겸비하고자 노력한다.

즉, 이 세 요소를 고루 겸비한 인재상을 중심으로 사람을 뽑아야 하며, 동시에 그런 인재가 지속적으로 세 가지 요소를 활용할 수 있도록 기업이 뒷받침해주고 이끌어주어야 한다.

한편, 영성이 바로 잡히면 대개 인성과 지성은 따라오기 마련인데, 문제는 영성을 확인하는 것이 사실상 쉽지가 않다는 사실이다. 그래서인지 겉으로 드러나는 영성만 보고 뽑았다가 후회한 경우도 많다. 이처럼 드러나는 영성만을 보고는 판단해서는 안 되며, 역으로 인성, 지성, 영성이 고루 갖춘 멀티형 인재를 뽑을 수 있도록 노력해야 한다.

이 세 가지가 고루 갖춰진 사람이야말로 진정한 영성을 겸비한 기업과 프랜차이즈를 건강하게 유지하는 기둥 역할을 할 수 있다. 또한 이런 사람은 믿음의 역사를 이루고 소망의 인내를 할 줄 알며 사랑의 수고를 들이는 리더십형 인재가 될 수 있다. 이제 세 가지 요소를 하나씩 살펴보도록 하겠다.

선한 가치관(인성)

첫 번째로 갖추어야 할 것은 '선한 가치관'이다(이것은 '인성'의 측면에서 제시될 수 있는 것이다). 선한 가치관을 가진 사람이야말로 선한 영향력을 끼칠 수 있다. 아무리 좋은 도구라 할지라도 그것이 누구에게 들리느냐에 따라 선하게 쓰일 수 있고 악하게도 쓰일 수 있다. 가령 날카로운 칼이라 할지라도 엄마의 손에 들리면 가족을 위한 건강하고 맛있는 음식을 만드는 도구로 쓰이고, 아무리 아름다운 나무라 할지라도 그것이 도둑에게 들리면 사람들을 때리는 몽둥이로 쓰일 수 있다. 그만큼 기업이 선한 영향력을 끼치기 위해서는 그 안에 소속된 사람들 하나하나가 선한 가치관으로 무장되어 있어야 한다. 무엇보다 솔선수범의 자세로 언행일치, 신행일치를 이루는 인성을 겸비해야 한다.

그렇다면 이를 위해 기업이 해 주어야 할 것은 무엇일까? 먼저 그 선한 가치관이 유지되고 깊어지도록 구성원 한 사람 한 사람들에게 관심을 가져주어야 하며 동시에 그들 자체로 연합할 수 있는 장을 마련해 주어야 한다. 가령 생일이나 기념일 등이 있을 때 기념행사를 통해 동료애를 돋우고 매트릭스 구조에 기반을 둔 연합 프로젝트를 통해 연대감을 형성해 나갈 필요가 있다.

또한 큐티 프로그램을 통해 동료들 간의 관심과 소통을 이어나가는 것은 물론 자연스러운 나눔의 시간을 통해 성장에 성숙이 곁들여질 수 있는 기회를 제공해야 한다. 뿐만 아니라, 선한 가치관을 섬김과 도움으로 발현할 수 있는 실질적인 기회를 열어주어야 하는데 수요일 섬김 예배나 연합봉사 등의 이웃섬김 활동이 대표적인 예가 될 수 있겠다.

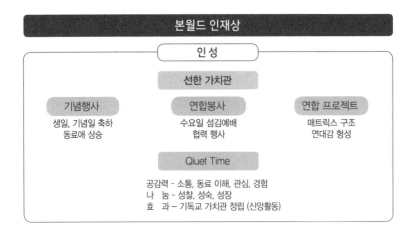

| 본월드 인재상 |
| 인 성 |

선한 가치관

| 기념행사 | 연합봉사 | 연합 프로젝트 |
| 생일, 기념일 축하 동료애 상승 | 수요일 섬김예배 협력 행사 | 매트릭스 구조 연대감 형성 |

Qiuet Time

공감력 - 소통, 동료 이해, 관심, 경험
나 눔 - 성찰, 성숙, 성장
효 과 - 기독교 가치관 정립 (신앙활동)

탁월한 역량(지성)

두 번째로 '탁월한 역량'을 가질 수 있어야 하는데, 이는 '지성'적인 측면이라고 볼 수 있겠다. 여기서 말하는 탁월한 역량이란, 통섭이 가능한 통찰력에 기반을 둔 상태에서 정확한 표현력으로 비평, 분석을 할 수 있고 긍휼의 마인드로 동기부여를 하는 열정을 가진 것을 의미한다. 특히 이를 위해서는 개개인 스스로가 역량을 키우기 위해 노력하는 것은 물론, 기업의 지원 역시 뒷받침 되어야 한다.

대표적으로 경영 워크샵이 필요한데 이런 자리는 업무 효율을 높이는 것뿐만 아니라, 전문가형 멀티플레이어를 지향하는 데에도 도움이 된다. 또한 협업을 통해 팀워크를 다질 자리를 마련함으로써 서로가 리더십 훈련을 할 수 있는 시간을 마련해 줄 필요가 있다. 더 나아가, 개인의 역량을 높여주도록 순환근무나 해외 연수 및 해외 여행 등을 지원함으로써 다양하면서도 넓은 시각을 갖게 하는 기회를 제공할 필요가 있다.

당장 책상에만 오래 앉은 채로 고군분투하는 것이 기업을 위한 것이 아니다. 조금 더 투자하더라도 그들의 시야를 넓혀주고 능률을 오르게 하는 것이 진정한 역량을 키우게 하는 밑바탕이 된다.

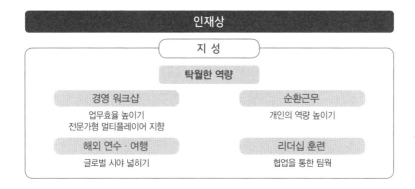

선한 영향력(영성)

세 번째로 선한 가치관과 탁월한 역량을 가졌다면 이것이 궁극적으로 선한 영향력으로 이어져야 하는데, 이 부분 역시 기업 입장에서도 도와야 할 일이다. 일반 기업이라면 인성과 지성 두 가지 정도만 중시하기 쉬운데, 선교적 기업이라면 이런 영성에 기반을 둔 선한 영향력까지 추가될 수 있어야 하는 것이다.

이를 위해 개인적으로는 큐티, 성경읽기, 기도 등을 통해 하나님 말씀과 가까이 하는 삶을 이어나가야 할 것이다. 또한 공적으로는 수요일 동행예배, 주일예배와 같이 함께 드리는 예배와 사명 워크샵 및 비전 워크샵 등이 병행되어야 한다. 여기서 사명 워크샵이 삶을 성찰하고 감사를 통해 열매를 맺는 자리라면, 비전 워크샵은 서로 간에 균형과 조화를 이루기 위한 시간이라 할 수 있다. 이런 모든 자리가 선한 가치관을 형성하고 영성을 키우는 기초가 될 수 있다.

특히 이 모든 것의 비결은 범사에 감사하는 것이다. 불평과 불만은 진정성 있는 선한 영향력을 끼칠 수 없다. 모든 것에 감사할 때, 내가 들이는 노력 하나하나가 더 많은 사람에게 더 좋은 영향을 미칠 수 있기를 소원하게 된다. 그리고 선한 영향력을 끼치는 것을 억지스런 의무가 아닌, 당연하게 베풀고 누려야 할 것임을 인식하게 된다.

마지막으로, 이 모든 것을 가능케 하시는 분은 성령이심을 상기해야한다. 곧 영성을 지니는 것은 인위적인 노력만으로는 부족하며 성령충만이 전제되어 있어야 한다. 성령에 붙들린 기업이야 말로 선교적 기업으로 나아갈 토대를 확보하게 된다.

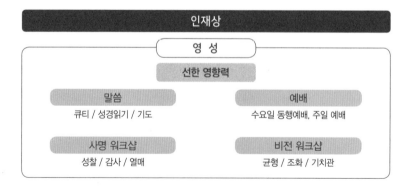

성경적 경영원리

선순환의 구조

본월드 그룹은 하나님이 세우신 그룹인 만큼, 그 경영원리 하나하나 까지도 성경적 원리에 기초한다. 그 첫 번째가 선순환의 구조다. 소위 황금률이라고도 불리는 '대접받고 싶을 때는 내가 먼저 대접하라'는 성경적 원리를 기초로 하는데 이것은 선순환의 동력이 된다.

예수님이 말씀하신 대로 대접받고 싶을 때는 먼저 섬겨야 한다(마 7:12). 그러면 선한 영향력과 선순환이 맞물려 돌아가고 그 가운데서 하나님의 가치가 온전하게 실현된다. 반대로 내 것을 먼저 챙기고 헌신을 기피하고 같이 맞받아치면서 경쟁하고 싸우면 악순환만 되풀이 된다.

조금 더 구체적으로 살펴보면 선순환 구조는 '나눔 → 신뢰 → 수익'의 관계를 되풀이하게 만든다. 우리가 먼저 나누고 섬기면 그것은 두터운 신뢰를 가져오고 그 지속가능한 신뢰는 수익으로 되돌아온다. 그리고 그 수익만큼 더 섬기고 나누면 그에 따른 신뢰와 수익은 계속 이어지고 늘어난다. 이것이 하나님의 방식이다.

이 원리는 내가 호떡장사를 하던 시절에도 분명하게 체험했던 것들이다. 외식업으로 성공할 것이라고는 조금도 상상하지 못할 그 시절, 생계

유지, 아니 생존 그 자체를 위해 장사를 하던 그 시절에도 이것은 가장 중요한 가치로 다가왔다. 퍼주면 손해나거나 망하지 않고 오히려 줄을 서서 흥하게 되는 것, 이 원리를 그때부터 분명하게 깨달을 수 있었다.

내가 조금 더 피해보는 것, 내가 먼저 내어주고 섬기는 것은 어디에서나 선순환이 되어 복을 불러오는 핵심원리이다. 그때의 섬김은 지금도 이어지는데, 예를 들어 본죽의 경우를 보면 일단 양 자체가 많다. 조금이라도 이익을 얻기 위해 양을 조금 줄일 법도 하지만 그런 이기심은 해가 될 뿐임을 잘 알고 있기 때문이다. 그러기에 퍼줄수록 선순환이 되어 성공에 이르게 된다는 이 원리는 앞으로도 지속적으로 적용될 것이다.

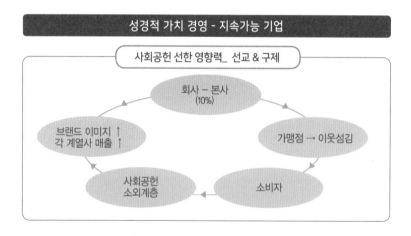

동심원의 원리

선교적 기업을 운영하는 데 있어서, 무엇보다 중요하게 다루어져야 할 부분이 있다. 바로 '안'을 잘 돌보는 것이다. 아프리카 사람들, 아프리카 선교사들은 극진히 대접하고 섬기고 도우면서 정작 우리 직원들에게는 홀대하는 것이 과연 선교일까? 가족원은 다 팽개치면서 예배만 열심히 드리는 것이 예배일까?

분명 하나님은 예배하기 전에 형제와 화해하고 오라고 말씀하셨다. 이것이 하나님의 방식이자 원리이다. 가까이 있는 사람부터 돕기 시작해서 밖으로 점차 퍼져나가는 것이 성경의 법칙이다.

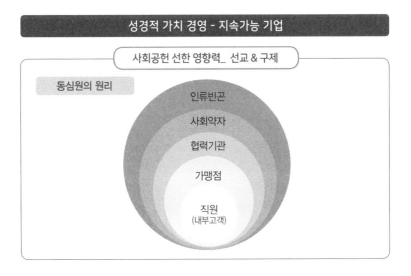

이에 따라 우리가 가장 우선시 하는 고객도 내부고객이다. 내부고객 중에서도 1차 내부고객은 가족이고, 2차 내부고객은 직원이다. 다음에 가맹점 사장님들 역시 내부고객과 외부고객 중간 지대에 있을 정도로 중요하다. 그리고 내부고객 다음이 협력사이며, 그 다음이 소비자, 그 다음이 다른 나라다. 이렇게 가족 → 동료 → 나라 → 인류로 파생되어가는 동심원 원리를 지속할 때, 건강하고 바른 관계가 형성되고 유지된다.

분명 가까이서부터 사랑할 때 더 많은 사람을 사랑할 수 있다. 멀리 있는 사람을 사랑한다면서 가까이 있는 사람을 사랑하지 못하면 그 사랑은 진정성을 의심할 수밖에 없다. 그런 면에서 리더 역시 먼저 내부 직원들로부터 존경을 받을 수 있어야 한다. 또한 가족부터 챙길 줄 아는 사람이 리더로 세워져야 한다.

상생원리 : 윈윈전략

상생원리, 곧 윈윈전략 역시 중요한데 이것은 앞서 다룬 동심원의 원리와도 직결된다. 동심원의 원리가 내부부터 잘 챙겨야 하는 것에 강조점을 두었다면, 윈윈전략은 그 다음 단계인 외부에 대한 배려와 사랑에 조금 더 주안점을 둔다. 물론 동심원의 원리와 상생원리 모두 '내부로부터 외부로 관심과 사랑이 이어져야 한다.'는 것을 골자로 하고 있다.

간혹 자신이 속한 곳만을 우선시하다 보니 다른 매장, 다른 기업이 잘 되는 꼴을 보기 싫어하는 사례가 있다. 심지어 이것을 경쟁력이라고 생각하기까지 한다. 그러나 건강한 동심원의 원리를 따랐다면 상생하는 윈윈전략으로 이어져야 한다. 내부를 먼저 잘 챙기되 외부를 향한 사랑 역시 식지 않게 해야 하는 것이다. 그렇게 다른 매장, 다른 기업도 잘 되도록 도와주고 관심을 갖는 것이 선교적 기업이 결과로서 드러내야 할 모습이며 이것이야말로 우리가 세상에서 빛과 소금이 되는 길이다.

성경적 경영 시스템

성경적 경영원칙

우리가 아무리 성경적 가치경영을 하고 기독교 기업, 선교적 기업으로 나아간다 할지라도, 비즈니스를 하는 한은 수익이 나야 한다(물론 정당하고 건강한 수익창출이 일어나야 한다). 이것이 뒤따르지 않으면 비즈니스가 아닌, 자선사업을 하는 것에 불과하다.

이에 본월드 그룹에도 이 부분을 뒷받침할 경영원칙을 제시하고 있는데 크게 네 가지를 들 수 있다. 첫째는 "사명과 비전의 연관성"이며 둘째는 "효율과 효과성"이다. 그리고 셋째는 "수익과 확장성"이며 넷째는 "성장과 지속가능성"이다.

우리가 사명과 비전을 잘 세워놓는다고 해도 비즈니스하고 상관없이 흘러가면 하나님께서 음식기업으로서 세운 의도를 저버리는 게 된다. 비전도, 사명도 결국은 음식과 연결되어야 한다. 음식기업으로서의 역할을 다 하고 그 안에서 풍성한 수익을 창출하면서, 그것들을 통해 선교와 다양한 사회공헌이 이루어져야 하는 것이다.

이처럼 비즈니스에서 수익과 확장성은 기본 뼈대가 되어야 한다. 그리고 이것이 사명 및 비전과 연관성을 맺음으로써 선한 영향력으로 퍼져나가야 한다.

또한 음식사업을 하고 이를 기반으로 선교사명을 감당할 때, 효과와 효율성이 결코 빼놓을 수 없다. 특히 이것에 대한 가치를 살피기에 앞서 음식에 대한 정체성 확립을 분명히 할 수 있어야 한다.

과연 음식이란 무엇인가? 음식은 인간에게 아주 기본적인 것이다. 예수님께서 이 땅에 오셔서 공생애 기간 동안 사역하실 때에도 먹는 것을 빠뜨리지 않으셨다. 함께 음식을 나누면서 말씀도 가르치셨다. 그만큼 인간에게 기본적으로 공급되어야 할 음식은 그 자체로서 중요함과 동시에 그 중요성만큼이나 선교적 사명에 깃들여질 수밖에 없다. 지역주민을 섬기고 관계를 맺기에 이보다 더한 아이템이 없는 것이다. 먹지 않고 사는 사람이 없고, 먹지 않는 나라가 없는 만큼, 지역사회 및 전 세계 어디에서나 음식으로 하나님의 사랑을 전하는 것은 효과적일 수밖에 없다.

이처럼 효율과 효과성이란 것은 단순히 경제적인 계산을 하는 데에서만 활용되는 것이 아니다. 선교적 기업이 나아가는 데 있어서도 효율과 효과성이 매우 중요하다. 특히 현재 본월드 그룹에서는 음식을 매개로 한 사역은 그 두 가지 요소를 충분히 충족시켜주고 있다.

그밖에도 성장과 지속가능성을 분명히 따져야 한다. 이것은 선순환의 원리와도 직결되는데 지속적인 성장을 위해서는 근시안적인 사고로 당장의 이익만을 계산하지 않고 퍼주고 나누고 섬길 수 있어야 한다. 이런 원리는 성장과 지속가능성을 이끄는 원칙을 뒷받침해 주며 기업이 건강하게 지탱하는 데에 밑받침이 되어준다.

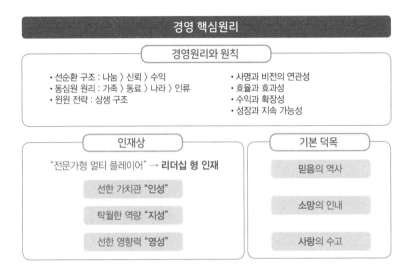

경영 핵심원리

경영원리와 원칙

- 선순환 구조 : 나눔 〉 신뢰 〉 수익
- 동심원 원리 : 가족 〉 동료 〉 나라 〉 인류
- 원원 전략 : 상생 구조

- 사명과 비전의 연관성
- 효율과 효과성
- 수익과 확장성
- 성장과 지속 가능성

인재상

"전문가형 멀티 플레이어" → **리더십 형 인재**

선한 가치관 "인성"

탁월한 역량 "지성"

선한 영향력 "영성"

기본 덕목

믿음의 역사

소망의 인내

사랑의 수고

TSI vs CSR?

이제는 TSI다

TSI와 CSR, 어떤 차이가 있을까? TSI는 Total Social Impact의 약자로 '전반적인 사회적 영향'을 뜻하며 경영가치관과 영업방법, 상품 모두가 사회에 공헌을 할 수 있게 하는 시스템을 의미한다. 곧 모든 과정 하나하나에서부터 선한영향력을 미치는 것이다.

반면에 CSR은 Corporate Social Responsibility의 약자로 기업의 사회적 책임을 의미한다. 이것은 경영가치관과 영업방법, 상품을 통한 전반적인 사업의 일부가 사회 공헌으로 환원되는 것이다.

곧 TSI는 CSR의 새로운 버전이라고도 할 수 있겠다. 현재 국내 기업 본아이에프는 수익의 10%를 어려운 이웃 돕는 식으로 CSR을 하고 있다.

한편 선교적 기업은 CSR만 가지고는 안 된다. TSI가 필요하다. 음식 아이템부터 시작하여 음식 프로젝트 및 각 콘텐츠, 그리고 그 다음에 이어지는 섬김과 나눔 등의 모든 과정에서 선한 영향력을 미칠 수 있어야 한다.

물론 본아이에프가 CSR만 한다고 해서 아이템과 과정을 무시한다는 것은 아니다. 본월드 그룹처럼 동일하게 정직한 방법과 선한 방법으로 과정 하나하나에 책임과 정성을 다하고 있다. 문제는 CSR을 지행하면서도 그 과정 하나하나가 정직하게 연결되는 경우도 있지만, 무늬만 CSR을 지향하고 그 과정은 그 지향점과 상반되게 가는 곳들이 있다는 사실이다.

요즘 소비자들은 똑똑하다. 아이템과 콘텐츠를 하나하나 다 보는 것이 소비자다. 더 이상 눈 가리고 아웅하는 것이 통하지 않는다. 수단과 방법을 가리지 않고 돈을 벌어놓고 나서는 '10% 선한 일 할 테니 잘 부탁합니다.'라고 한다 해도 속아 넘어가지 않는다. 그들은 과정 하나하나까지 다 본다. 즉, 아무리 선한 일을 한다고 해도 불의한 방법, 건전하지 못한 방법으로 취한 돈이 그 기반이 되었다면 소비자들을 감동시킬 수 없다. 그만큼 돈만 벌면 뭐든 상관없다는 가치관은 이제 통하지 않는 시대가 된 것이다.

그만큼 경영자의 가치관에 따라 기업의 운명이 좌우될 수 있다. 우리 기업의 경우(본아이에프와 본월드 그룹), 공정거래위원회에서 제시하는 정보공개서를 통해 정직한 과정을 늘 공개하곤 한다. 그밖에도 하나님 앞에 늘 서 있다는 코람데오의 정신으로 나아가려고 노력한다. 그 정신을 지키면 그 어떤 사람들 앞에서도 부끄러울 일이 없기 때문이다.

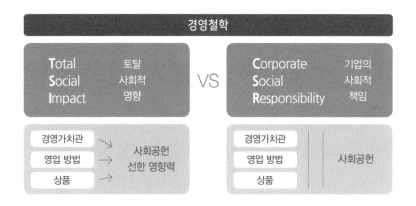

본월드 그룹의 TSI에 담긴 가치

본월드 그룹은 수익의 일부만을 환원하는 데 그치지 않고 사업의 과정 자체에서 선교에 필요한 물질들을 기꺼이 제공한다. 이를 위해 TSI는 아이템부터가 달라야 한다. 그런 차원에서 우리가 선정하는 아이템은 '사람을 살리는 데에 유익이 되는 것'이다.

'건강한 먹거리, 건강한 한식'과 같은 선한 목적을 가진 아이템이 분명하게 잡혀있으면 사람들에게 건강한 행복을 줄 수 있고 기아 후원 등을 통해 죽어가는 사람을 살리는 역사에 동참할 수 있다. 즉, 선교와 구제라는 영역에 깊숙이 들어갈 수밖에 없게 된다.

다음으로 이런 아이템에 이어 TSI에 걸맞는 과정이 필요한데, 그 모든 과정이 바르고 정당한 이윤을 창출함과 동시에 일자리 창출의 기회를 제공하는 성경적 경영 미션에 부합할 수 있어야 한다. 그리고 궁극적으로 사회의 성장에 동력이 되며 사회의 빛과 소금이 되는 역할까지 감당할 수 있어야 한다. 특히 이런 과정을 위해서는 조리 교육이나 창업 교육과 같은 교육적 프로그램 등이 병행되어야 한다. 과정을 유지하는 구체적인 방법과 프로그램 역시 중요하게 뒷받침 되어야 하는 것이다.

이렇게 TSI가 자리 잡히면 국내에서는 사회 공헌을 하는 기업으로서, NGO에서는 해외 이웃을 보살피는 기업으로서, 선교지에서는 선교사와 가족을 케어하고 지원하는 기업으로서 기능을 감당하게 된다.

특히 TSI는 본월드 그룹의 경영원리이기도 한 동심원의 원리와 선순환의 원리를 실현하는 구체적인 방법이 되기도 한다. 정직한 방법으로 사람 한 사람 한 사람을 대하면 사회약자와 인류를 살리는 역할을 하는 것뿐만이 아니라, 내부고객과 가맹점, 협력기관도 진심으로 우대하고 섬길 수 있게 되기 때문이다. 일을 이루어가는 과정에 소속된 모든 사람들에게까지 선한 영향력을 끼치게 되는 것이다. 또한 TSI대로 라면 매 순간 선한 영향력을 끼쳐야 하기에 가맹점과 소비자를 대할 때부터 이미 이웃을 섬기는 마음으로 나아가게 되며 소외계층에 대한 공헌도 동반하게 된다. 그리고 이런 것들은 다시 브랜드 이미지 및 계열사 매출의 증대로 이어져 다시금 회사에 유익을 안겨주게 된다.

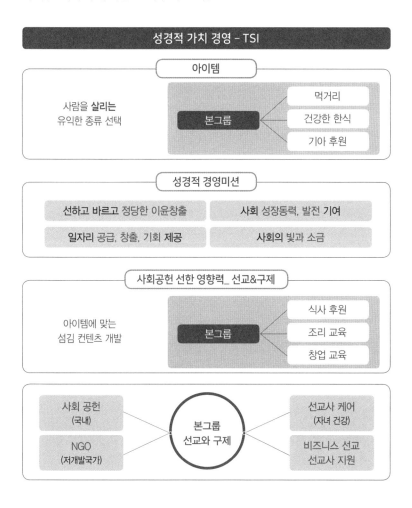

통합 프랜차이즈 모델로서의 매트릭스 미션 경영

매트릭스 미션 경영은 하나님이 이번에 나에게 특별히 선물해 주신 경영시스템이다. 선교사들과 함께 전 세계를 무대로 경영을 펼쳐나갈 구조이자 시스템이다. 본사랑, 본미션 모두가 이 매트릭스 구조 안에서 짜여 있으며 이를 토대로 지속가능한 선교적 경영을 이루어나갈 수 있다.

먼저 살펴볼 것은 58페이지 그림에 나타난 기본 구조인데 세로로 나열되어 있는 선교사역, 본사랑, 본미션이 사역으로서 구성이 되고 가로로 나열되어 있는 가맹사업, 케이터링, 물류유통, 급식사업이 비즈니스로 구성이 된다. 그리고 이 세 가지와 네 가지가 짜여지고 연결되면서 종합적인 완성도를 드러나게 된다. 그리고 이를 통해 축복의 통로이자 복음의 통로이자 사랑의 통로가 되는 기업구조를 만들어나갈 수 있다. 특히 기본 구조를 중심으로 선교사들은 현지 매장에서 새롭게 공란을 채워나갈 수 있다.

지금 우리의 경우에는 선교사역과 가맹사업이 합쳐져서 일터교회를 형성하고 선교사역과 케이터링이 합쳐져서 제자양육을 이어가고 있다. 더불어 선교사역과 물류유통이 연결되어 문서선교를, 급식사업과 연결되어 셀교회를 형성하고 있다. 또한 본사랑은 가맹사업과 연결하여 빈곤아동을 후원하고 케이터링과 연결하여서는 장애인을 지원하며, 물류유통과의 연결을 통해서는 성경보급, 셀교회를 통해서는 지역 섬김을 실현하고 있다. 마지막으로 본미션은 가맹사업과 연결되어 비즈니스 선교를, 케이터링과 관련하여 선교 사역 지원을, 물류유통과 연결하여서는 단기 선교 섬김을, 셀교회와의 연합을 통해서는 MK장학금을 지원하고 있다.

이처럼 매트릭스 구조를 중심으로 다양한 사역과 사업들이 창출될 수 있다. 각 매장에서, 새로운 기업 안에서, 이 구조가 비즈니스 미션의 틀로 작용할 수 있는 것이다.

한편 매트릭스 구조 내 가맹사업, 케이터링, 물류유통을 중심으로 사업이 더 크게 확장될 수 있는데 여기서는 본죽 & 도시락을 중심으로 살펴보도록 하겠다. 본죽 & 도시락은 한국에 있는 본죽과 본도시락을 믹스한 것인데 전체 1800개가량의 매장이 있다.

확장 방식은 크게 세 가지인데 먼저 가맹사업 형태로 퍼져나갈 수 있다. 실제로 한국에서는 이 브랜드가 메인 가맹사업이기도 한데 직영으로 하여 2호, 3호, 4호로 갈 수도 있고 조금 더 작은 사이즈로 분점을 낼 수도 있다. 또 다른 방법으로는 일반가맹 역시 가능하다. 일반인이 와서 매장을 내고 싶다고 하면, 그분들도 낼 수 있도록 열어놓은 것이다.

다음으로 확장 가능한 사업은 케이터링인데 이 부분은 파트 2, 3에서 보다 자세하게 다루도록 할 것이다. 여기에서 역시 직영과 분점 형태로, 혹은 일반 가맹 형태로 확장이 가능하다. 무엇보다 오픈할 경우, 가맹사업보다 케이터링으로 먼저 출발할 수도 있다. 매장을 여는 데 조금 제약이 있을 경우, 케이터링으로 시작하면 여러 면에서 효과적일 수 있다.

이어서 물류와 유통 영역에서는 가맹점에 물류를 공급할 수도 있고 케이터링에 물류유통을 할 수도 있다. 또한 일반유통과도 무역할 수 있다.

본죽의 비즈니스 미션 **성경적 가치 경영**

이처럼 하나님은 우리 기업을 통해 통합 프랜차이즈 모델을 만들어가게 하셨고 선교적 기업을 지향하는 다른 곳에 모범이 되게 하셨다. 물론 처음부터 이런 구조대로 시작할 수는 없다. 그러나 하나씩 열어가고 한두 개씩이 연결되다 보면, 경이로울 정도로 확장성을 갖게 됨을 경험하게 될 것이다.

성경적 비즈니스 사고방식

비즈니스는 하드웨어와 같은 시스템도 중요하지만 시스템을 작동시키는 소프트웨어적 요소도 중요하다. 그 기능을 하는 것이 바로 비즈니스 사고방식이다.

안타깝게도 비즈니스는 있는데 비즈니스 사고방식은 없는 경우가 허다하다. 이렇게 비즈니스를 운영하는 마인드조차 갖추어지지 않은 채 비즈니스가 이루어지면, 당장은 수익적인 면에서 효과를 노릴지 모르나 어느 순간에 전체가 흔들리는 듯한 위기를 경험하게 된다. 그런 차원에서 비즈니스 사고방식은 중요하며, 그중에서도 성경적 가치관에 근거한 사고방식을 갖출 수 있어야 한다.

우리 기업이 정리하는 성경적 비즈니스 사고방식은 7가지인데 첫째는 성찰적 사고방식이다. 이는 자신을 최대한 객관화하고 반성할 줄 아는 것을 말한다. 기업 운영에 있어 자기반성이 없으면 교만으로 쉽게 무너질 수밖에 없다. 그러나 작은 것 하나라도 돌아보고 돌이킬 줄 알면 실수를 해도 회복이 빠르다.

둘째는 분석적 사고방식이다. 기업 운영에 있어 사고는 결코 단순해서는 안 된다. 철저하게 객관화되고 중립적인 시각에서 근거 있으면서도 풍부한 통계를 활용해야 하고 그것을 분명하게 인과분석할 수 있어야 한다.

셋째는 통합적 사고방식이다. 이것은 한마디로 통찰력을 갖는 것이다. 특히 이를 위해서는 맥락을 꿰뚫는 훈련이 필요하다. 지엽적인 시각에서 벗어나 나무가 아닌 숲을 볼 줄 아는 사고가 요구되는 것이다.

넷째는 체계적 사고방식으로 각 요소들이 중구난방으로 이해되는 것이 아니라, 시스템화 된 바탕에서 이해될 수 있어야 한다. 그리할 때, 개별적인 요소들이 하나님의 뜻 안에서 어떻게 연결되는지도 이해할 수 있다.

다섯째는 계수적 사고방식으로 분명한 재무관리와 분명한 정량을 맞추는 것에서부터 실수가 없도록 유의해야 한다. 글자 하나, 숫자 하나의 오류가 큰 문제를 불러올 수 있다는 각오로, 책임감을 가지고 일에 임해야 한다.

여섯째, 관계적 사고는 소통, 섬김을 기반으로 하는데 비즈니스 가운데서 맺어지는 모든 관계와 기업 안에서 이루어지는 모든 관계가 섬김의 관계로 확장되어야 한다. 또한 소통이 바람직하게 이루어지기 위해서도 내가 먼저 상대를 존중하는 모습을 보여야 한다.

일곱째는 청지기적 사고로 정직한 돈 관리가 이루어져야 한다. 가령 결산할 때마다 하나님이 물질의 주인이며 우리는 청지기일 뿐이라는 사고를 가져야 하며 내 마음대로 돈을 쓰려는 마음을 버려야 한다. 왕을 왕의 자리로 모시고 우리는 관리자일 뿐이라는 인식을 가질 때 정직한 방식으로 하나님의 물질을 활용하게 된다.

성경적 리더십

리더십을 세우는 것 역시 성경적인 기준이 적용되어야 한다. 여기서는 성경적 리더십 10계명으로 이를 정리했는데 자세한 내용은 다음과 같다.

첫째, 하나님의 세미한 음성을 듣는 리더

둘째, 성령 이끄심에 적극 순종하는 리더

셋째, 말씀 기도 성령 충만한 리더

넷째, 능력 영성이 조화로운 리더

다섯째, 자기를 부인하고 자기 십자가를 지는 리더

여섯째, 사람을 섬기는 리더

일곱째, 일꾼을 세우고 동역하는 리더

여덟째, 하나님 나라의 비전과 사명으로 이끄는 리더

아홉째, 세상을 사랑으로 변화시키는 리더

열째, 하나님 나라를 확장하는 리더

이를 보다 구체화하여 정리한 것이 우리 기업의 임직원 사명 선언문 인데, 단순히 한두 번 읽는 것이 아니라, 지속적으로 나아가야 할 바를 보다 스스로 다짐할 수 있게 해 준다. 그 내용은 다음과 같다.

본죽의 비즈니스 미션 **성경적 가치 경영**

첫째, 하나님을 사랑하는 자 그 뜻대로 부르심을 입은 자들은 모든 것
이 합력하여 선을 이룬다.

둘째, 본그룹은 밥과 복음으로 생명을 살리고 하나님 사랑과 이웃사
랑을 실천한다.

셋째, 본그룹은 성경적 가치경영으로 하나님께 영광, 세상에 빛과 소
금이 된다.

넷째, 본그룹 임직원은 기도와 말씀으로 인성, 지성, 영성이 조화로운
하나님 나라 일꾼이 된다.

다섯째, 본그룹 임직원은 오직 믿음, 오직 순종, 오직 성령충만으로
충성되고 지혜로운 청지기가 된다.

성경적 마케팅

지금은 마케팅 4.0시대

선교적 기업이 추구해야 할 마케팅 방안에 대해 정리하기에 앞서, 일
반적인 마케팅 패러다임의 전환에 대해 먼저 살펴보도록 하겠다.

오늘날은 경제 트렌드 흐름에서 볼 때, 마케팅 4.0시대다. 마켓 1.0시대
때는 '맛'과 '질'만 좋아도 충분했다. 곧 맛과 질이 마켓 1.0시대의 메인이었

다. 당시까지만 해도 이것을 중심으로 만족도가 형성되었기 때문이다.

그런데 마켓 2.0시대 때부터는 서비스를 요구하기 시작했다. 소위 말하는 고객감동이 중요한 가치를 갖게 되었고 '고객이 왕이다'라는 슬로건이 마케팅의 핵심 원리가 된 것이다.

이어서 마켓 3.0시대 때는 정신이 스며들어야 하고 역사가 있어야 하고 스토리가 깃들어야 했다. 즉, 맛과 친절만으로도 고객을 감동시킬 수 없게 된 것이다. 그 기업이 어떤 스토리를 가지고 있는지가 중요해지게 되었다. 가령 본죽의 경우에도 스토리를 가지고 있다. 'IMF 때 망한 후 호떡 장사를 하다가 여기까지 오게 된 것, 아이템으로 적합하지 않을 거라고 했던 죽을 가지고 블루오션을 일으킨 것' 등이 고객감동을 일으키는 스토리이자 기업의 정신과 역사가 될 수 있었던 것이다.

한편 마케팅 4.0시대로 넘어오면서부터는 리얼 버전(real version)이 중요해지게 되었다. SNS가 발달하고, 인터넷이 발달해서 모든 것이 노출되는 시대가 바로 요즘이다. 사실 옛날에는 꾸밀 수 있었고 없던 스토리도 만들어낼 수 있었다. 마케팅전략을 위해 분명 과장하여 스토리를 만들어내는 곳도 있었을 수 있다. 마케팅을 위해 소비자를 살짝 속인다고나 할까. 돈을 좀 쓰면 그런 것들이 가능했다. 그러나 리얼 버전 시대가 온 이때에는 그 모든 것이 다 민낯으로 드러난다.

현재 딸이 H대에 다니는데, 직원 채용을 위해 우리 직원이 H대에 간적이 있었다. 그런데 당시 딸과 봉사활동을 같이 한 적이 있던 남자 선배가 딸을 불러 밥을 사주었다고 한다. 무슨 의도일지 궁금하던 차에 그 선배는 이렇게 물었다는 것이 아닌가.

"너 '본죽'이랑 무슨 관계야?"

"어, 그냥 뭐……."

"너 검색했는데 너희 엄마 책에서 너 이름 나오더라? 너, 본죽 창업주 딸이지? 너 이름 나오던데?"

"그렇지만 제가 도울 수는 없어요."

"나를 도와달라는 건 아니고 면접 보러 가고 할 거니까 아빠와 엄마와 이런 성향, 기업의 방향, 어떤 사람들을 채용을 잘하는지 이런 정보를 좀 주면 안 될까."

그런 이야기가 오고갔다고 한다. 알고 보니 딸이 본사랑 재단에 대한 어떤 글을 쓴 적이 있는데 그것을 보고 선배가 딸아이의 이름을 검색하자 관련 정보가 다 뜨게 된 것이다. 그만큼 본죽 창업자의 딸인 것을 말하지 않아도 알려질 수밖에 없는 세상이 온 것이다. 그게 요즘 시대의 모습이다.

이처럼 지금은 비밀이 없는 시대이며, 적당히 마케팅을 위해서 꾸미고 만들어 내는 것은 절대 통하지 않는 시대다. 그야말로 진실이 통하는 시대다. 리얼, 사실, 팩트만이 소비자들에게 다가갈 수 있다.

리얼버전 시대에는 소비자의 참여가 중요한 역할을 하기도 한다. 실제로 대학생 공모전을 통해 선발된 아이디어로 개발된 죽들이 여럿 있다. 메뉴공모전에서 이와 같은 신선한 아이디어가 공모되고 뽑혀서, 소비자들에게 사랑받는 메뉴가 탄생할 수 있었다. 결국 소비자가 소비자에게 사랑받는 메뉴를 만들어낸 것이다.

또한 과거에 우리는 주부모델, 아이모델을 뽑을 때도 공모를 통해 선정했다. 보통 주부모델을 2명 뽑는데(2~30대 1명, 5~60대 1명) 무려 몇천 명 정도가 지원했다. 우리의 경우, 성형하지 않은 사람 중심으로 뽑는데 나중에 최종 30명이 올라왔을 때부터는 나도 뽑는 과정에 참여했다.

이때 우리는 단순히 외모만 가지고는 뽑지 않았다. 지적 수준이나 우리 브랜드에 대한 사랑, 우리 브랜드에 대한 이미지, 모델의 모습에서 풍기는 것을 종합적으로 고려하여 뽑았다. 또한 아기모델 역시 선발대회를 통해 뽑는데 그때도 많은 아이들이 참여했다.

중요한 것은 이런 참여시대에 많은 사람이 지원하고 참여할 수 있었던 것은 그동안 우리가 가지고 있었던 스토리가 팩트, 진실이었기 때문이다. 가령 홍보성으로 봉사를 하거나 일시적으로 섬김을 보였다면 진정성이 드러나지 않았을 것이다. 진짜가 아니라는 것이 바로 드러났을 것이다. 하지만 우리는 이런 시대가 오기 전인 2009년부터 이미 본 사랑재단을 중심으로 쪽방촌을 13년째 돕고 있으며 9년째 장애인들도 돕고 있다.

결국 그런 것들이 진정성 있는 스토리와 사랑의 연혁이 되어 사람들에게 다가가고 감동을 주게 된 것이다. 그 오랜 결과물이 있다 보니 증명이 되기 시작했고 사람들도 믿기 시작하게 된 것이다.

'본죽은 일시적인 이벤트가 아니라, 긴 시간 동안 끊임없이 해왔구나.'

즉, 마케팅을 위해 이런 일들을 한 것이 아닌데 오랜 시간이 지나 그것이 마케팅에도 긍정적인 영향을 미쳤다고 볼 수 있다. 만약 마케팅을 위해 이런 일을 했다면 오래 가지도 못했고 소비자들 역시 그런 눈속임을 바로 알아채버렸을 것이다.

한편 여기서 혼동하지 말아야 할 것은 마케팅 4.0시대가 되었다고 해서 마케팅 1.0시대 때 강조되었던 맛과 질에 대한 요소가 이전보다 덜 중요하다는 것은 아니라는 사실이다. 오히려 그 중요성이 유지되는 정도가 아니라, 이전보다 더 중요해졌다. 왜냐하면 소비자가 그만큼 까다로워졌기 때문이다. 실제로 오늘날, 외식업체의 경쟁 자체가 치열하고 건강과 맛에 대한 소비자들의 눈높이가 월등히 높아져 맛과 질에 대한 노력은 더 많이 들여야 한다. 서비스도 마찬가지다. 조금만 불편한 감을 주어도 소비자들은 민감하게 반응할 수 있다.

결국, 마케팅 1.0이 마케팅 2.0, 마케팅 3.0, 마케팅 4.0으로 변하는 것이 아니라, 마케팅 1.0에 마케팅 2.0이 더해지고 다시 또 마케팅 3.0이 더해지고 여기에 마케팅 4.0이 더 추가되는 것이다. 곧 그 모든 요소들을 다 플러스하여 마케팅을 펼쳐야 하는 시대가 온 것이다.

'맛과 질은 기본인 거고 서비스는 기본이지.'

'그리고 너희 음식 하나 만들어도 어머님의 정성으로 소울을 넣어서 만들었어?'

'여기에다가 너희 열심히 일해가지고 어려운 이웃 좀 나눠주고 있어? 단순히 먹거리를 파는 차원이 아니라 사회에 공헌하고 있어?'

소비자들이 이 모든 것을 다 꿰뚫어보고 있음을 알아야 한다. 그렇다고 해서 까다로워진 소비자들의 시선을 부담스러워할 필요도 없다. 결국에는 높아진 소비자의 시선을 맞추는 것이 기업의 발전과도 직결되기 때문이다. 소비자들의 눈이 높아지고 까다로워지면 질수록 기업은 보다 건강해지고 투명해지고 바르게 나아갈 수밖에 없다.

마지막으로, 이러한 마케팅의 비밀에 한 가지 도구를 더 얹어야 하는데 그것은 바로 구전마케팅이다. 한 명이 나가서 맛있다고 얘기하는 건 5명에게 소문이 나지만, '이 집 진짜 이상해. 특히 여자 주인 이상해.' 하는 소문은 순간적으로 20명이 떨어져 나가게 만든다. 그런 차원에서 충성고객을 만드는 것이 중요하다. 자신이 실제로 와서 먹고 다른 사람에게 홍보해주는 고객이 충성고객인데 그런 고객을 100명만 만들어도 금세 매출이 올라간다. 일주일에 한 번씩만 오는 충성고객 100명이 각각 5명씩한테 소문을 내고 그 5명이 다시 5명에게 소문을 내어 어느 단계에 도달하면 관성에 의해 계속 매장이 원활하게 돌아가는 것이다. 그렇게 되면 일시적인 매출 변화에 일희일비하지 않을 수 있다. 오늘 매출 잘 안 나면 다

본죽의 비즈니스 미션 **성경적 가치 경영**

음 저녁에 많이 나는 방식으로 평균을 맞추어가게 되는 것이다.

물론 충성고객을 만드는 것 역시 사랑에서 비롯된다. 일시적인 눈속임이나 가식적인 립서비스, 정성이 부족한 음식으로는 충성고객을 만들 수 없다.

결국 소비자의 눈높이에 부응하기 위한 마케팅 노력은 하나님의 바람과도 일치해 나가게 된다. 하나님은 사람(소비자)을 진심으로 사랑하고 그들을 섬기기 위해 정직한 방법으로 기업을 운영해 나가기를 원하신다. 단순히 이윤을 남기는 차원을 넘어서 그들을 섬기기 위해 기업이 존재하기를 바라시는 것이다.

그런 차원에서 볼 때 마케팅 변천사와 그에 따른 소비자들의 시각의 변화는 결국 기업이 하나님의 뜻에 보다 부합하기 위한 과정과도 일치한다. 즉, 하나님께 인정받는 기업은 사람에게도 결국에는 인정받게 되고, 사람에게 진정성을 인정받는 기업은 하나님 보시기도 좋은 기업이 되는 것이다. 곧 기업 롱런의 조건과 소비자 신뢰의 조건은 하나님의 축복 조건과 일치할 수밖에 없다.

그러니 원래부터 바르고 투명했던 기업은 크게 걱정할 필요가 없다. 지금까지 하나님 앞에서 정직하게 해 오던 그대로 나아가면 되고, 소비자들에게 어떻게 하면 더 많은 사랑을 줄 수 있을 지를 꾸준히 연구해 나가고 조금씩 더해 가면 된다.

한편 개인적으로는 마케팅 1.0 시대로 회귀하는 시점이 다시 돌아오지 않을까 생각해 본다. 곧 마케팅 5.0시대는 1.0시대에서 강조하던 맛과 질의 회복을 다시 중시하게 될 수 있다는 것이다. 왜냐하면 마케팅 1.0에 마케팅 2.0이 더해지고 다시 또 마케팅 3.0이 더해지고 여기에 마케팅 4.0이 더 추가되는 것이 필요한데, 모든 기업이 이런 이상적인 수준에 도달할 수 없기 때문이다. 결국 마케팅 4.0에 집중하다가 기본이 되는 맛과 질 등에 소홀하는 일들이 벌어질 수 있을 것이고 이런 분위기가 확산되면 다시 1.0 시대로 돌아가는 일이 생길 수 있다고 예상된다. 실제로도 트렌드가 돌고 도는 만큼 가능성이 아예 없지는 않은 듯 하다.

하지만 앞으로의 동향과 별개로, 우리는 맛과 질, 서비스와 같은 기본부터 시작하여 스토리와 정신, 그리고 리얼버전이 총체적으로 녹아든 마케팅을 해 왔고 앞으로도 해 나갈 것이다. 무엇보다 이런 것은 실질적인 롱런의 역사에서 다 드러나기 마련이다.

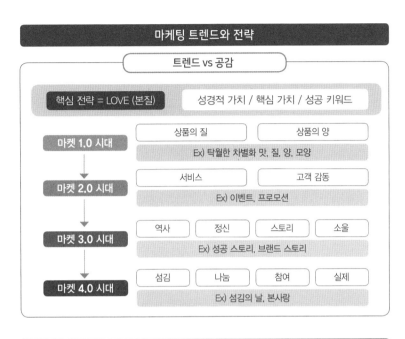

마케팅 트렌드와 전략

트렌드 vs 공감

| 핵심 전략 = LOVE (본질) | 성경적 가치 / 핵심 가치 / 성공 키워드 |

마켓 1.0 시대

| 상품의 질 | 상품의 양 |
| Ex) 탁월한 차별화 맛, 질, 양, 모양 |

마켓 2.0 시대

| 서비스 | 고객 감동 |
| Ex) 이벤트, 프로모션 |

마켓 3.0 시대

| 역사 | 정신 | 스토리 | 소울 |
| Ex) 성공 스토리, 브랜드 스토리 |

마켓 4.0 시대

| 섬김 | 나눔 | 참여 | 실제 |
| Ex) 섬김의 날, 본사랑 |

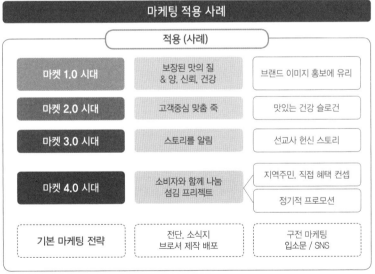

마케팅 적용 사례

적용 (사례)

마켓 1.0 시대	보장된 맛의 질 & 양, 신뢰, 건강	브랜드 이미지 홍보에 유리
마켓 2.0 시대	고객중심 맞춤 죽	맛있는 건강 슬로건
마켓 3.0 시대	스토리를 알림	선교사 헌신 스토리
마켓 4.0 시대	소비자와 함께 나눔 섬김 프리젝트	지역주민, 직접 혜택 컨셉 / 정기적 프로모션

| 기본 마케팅 전략 | 전단, 소식지 브로서 제작 배포 | 구전 마케팅 입소문 / SNS |

선교매장에서도 그대로 적용되어야 할 성경적 마케팅 전략

선교지라고 해서 마케팅이 중요하지 않은 것은 아니다. 지금까지의 마케팅 트렌드를 볼 때, 선교지에서야말로 이 부분이 더 중요하게 적용되어야 한다. 사람들이 안 본다고 하여 소홀히 하거나 정직하지 못한 모습을 보여서는 안 되며, 보다 철저하고 성실하게 운영하여 하나님의 이름을 영광되게 해야 한다.

무엇보다 여기서 한 부분만 소홀히 해도 문제는 심각해진다. 이가 빠지면 톱니바퀴가 아예 돌아가지 않듯, 맞물려 돌아가는 시스템에서는 단 하나의 문제가 생겨도 그대로 스톱된다.

한편 앞서 마케팅 1.0에서부터 마케팅 4.0까지가 모두 더해져야 한다고 설명했는데, 이 모든 것을 관통하고 꿰는 단어 두 가지가 있다. 그것은 바로 사랑과 섬김이다. 성경이 말하는 최종적인 메시지인 '사랑', 그리고 사랑을 구체적으로 표현하는 '섬김', 이 두 가지면 모든 것을 다 연결하고 종합하게 된다.

'주께 하듯' 소비자를 사랑하고, 우리 브랜드를 사랑하고, 메뉴 하나하나를 사랑하고, 직원을 사랑하면 그 모든 것들을 다 충족시킬 수밖에 없다. 곧 모든 생명을 사랑하고 섬기면 된다. 어려워 보이지만, 사랑하면 이 모든 것이 하나로 다 꿰어지는 것이고, 사랑이 부족하면 이가 빠져 멈춰지고 뒤틀리게 되는 것이다.

본죽의 비즈니스 미션 **성경적 가치 경영**

엄밀히 따져서 우리 기업의 성공 비결은 사랑과 섬김이다. 곧 하나님이 우리 기업에 허락하신 지혜들의 결정체가 사랑과 섬김에서 비롯된 것이다. 따라서 영업비밀인 기도를 할 때 우리는 사랑을 경험하게 되고 그 사랑을 세상에 전할 힘을 얻게 된다. 우리 힘으로는 도저히 베풀 수 없는 그 사랑과 긍휼이 하나님께로부터 얻어지고 그것이 에너지가 되어 기업을 이끌어나갈 수 있게 되는 것이다. 그리고 그것이 우수한 맛과 질을 보장하고, 진정한 섬김이 깃든 서비스를 실현하게 하고, 사랑의 역사를 지속적으로 이어가게 하고, 거리낄 것이 없는 기업의 존재를 형성시키는 것이다.

더욱 중요한 것은 하나님이 곧 사랑이시라는 사실이다. 이 때문에 모든 것을 관통하는 원리인 사랑을 실현하는 방법 역시 매우 쉬워진다. 머리 싸매고 착하게 살려고 부단히 노력해야 사랑할 수 있는 게 아니라, 사랑이신 하나님과 친밀한 관계로 나아가면 끝나는 것이다. 내 힘으로는 안 되는 것들이 하나님의 친해지고 그분의 은혜 하나로 다 꿰어져버리는 것이다.

나 역시 이전에 기업을 경영해 본적이 없고 경영의 경자도 모르는 사람이었다. 국문학 전공이었던 내가 경영에 대해, 트렌드에 대해 관심을 가졌을 리도, 따로 공부를 했을 리도 없다. 내가 할 수 있는 것이라고는 무릎 꿇고 머리 박고 기도하는 것뿐이었다. 그냥 하나님이 시키는 그대로 하는 게 내가 할 수 있는 유일무이한 것이었다.

그렇게 내 힘으로 할 수 없어서 매일 하나님 앞에 엎드리며 의뢰했고,

하나님이 빛을 쏘여주셔야 내가 빛을 반사할 수 있다고 고백했다. 내 스스로는 절대 빛을 낼 수 없음을 잘 알고 있었기 때문이다. 그만큼 하나님이 내게 은혜를 부어주시고 능력을 부어주셔야 작은 것 하나까지도 감당을 할 수 있다고 고백하며 완전하게 의존했다. 그러자 하나님은 경영의 핵심 가치인 사랑을 부어주셨고 그 사랑과 섬김으로 기업을 운영할 수 있게 하셨다. 결국 나는 하나님의 통로로서만 쓰였던 것이다.

아마 경영 쪽으로 공부를 아무리 많이 한 사람도 이 네 가지를 다 꿰는 원리를 발견하기는 어려울 것이다. 그래서 나는 아직도, 앞으로도 계속해서 고백할 수밖에 없다.

"본죽은 하나님의 작품입니다. 모든 메뉴는 하나님의 선물입니다. 저는 하나님의 기적입니다. 저 또한 하나님의 작품입니다."

실제로 단 한 번도 마케팅 1.0시대, 4.0시대를 염두에 두면서 전략을 꾀하지 않았지만, 하나님은 그런 지식 없이도 트렌드에 맞는 마케팅을 펼쳐가게 하셨다. 정말이지 마케팅 트렌드를 생각해서 봉사를 한 것도 아니고 양을 늘린 것도 아니다. 마케팅을 고려하여 음식 가지고 장난치는 일을 철저히 피했던 것도 아니고, 마케팅을 고려하여 남는 것을 주변 사람에게 나누고 사람들 한 분 한 분을 주를 대하듯 섬긴 것이 아니다. 하나님이 깨닫게 해주신 그 사랑 하나만 밀고 나갔더니 자연스럽게 일치해나갔던 것이다. 그렇게 하나님은 사랑이라는 절대적인 가치 하나와 섬김이라는 구체적인 방법으로 지속적인 성장을 가능하게 하셨다.

특히 이 사랑과 섬김은 외부 마케팅에만 적용되는 것이 아니다. 기업의 내부 운영 역시 이 원리를 통해 움직여져야 한다. 따라서 우리는 '기도 섬김이 최고의 섬김'이라고 여기며 사랑으로 기도해 주고 섬기는 문화를 지켜나갈 수밖에 없다. 직원들 이름을 수시로 불러가며 기도하고, 가맹점 사장님들의 이름 역시 일주일에 한 번, 최소 한 달에 한 번은 불러가며 기도할 수밖에 없다. 그렇게 기도를 해야 하나님 능력과 지혜와 사랑이 나에게 쏟아지고 그 하나하나가 나를 통해 흘러갈 수 있기 때문이다. 그렇게 하나님은 나를 통로로 삼으시고 열매를 맺어가셨다.

이처럼 하나님 앞에서 진실된 모습으로 나아가고 그 진실함으로 사랑과 섬김을 추구한다면 마케팅은 자연스럽게 이루어진다. 굳이 세상이 말하는 트렌드를 좇지 않아도 더 파급력 있는 존재로 드러나게 되는 것이다.

한편 이러한 성경적 마케팅은 '구하라', '찾으라', '두드리라'의 성경적 원리를 그대로 반영하기도 한다. '구하라'가 간절함을 담고 있다면 '찾으라'는 꾸준함을 반영한다. 그리고 '두드리라'는 끈질김을 나타낸다. 곧 진실한 열정 속에서 지속적으로 성실함을 갖는 것이 성경적 마케팅의 원리다.

마케팅이란 감언이설로 사람들을 끌어오는 것이 아니다. 진실함 속에서 그들의 마음 문을 두드리고 성실한 노력으로 그들이 원하는 것에 부응하고자 하는 것, 이를 통해 그들에게 유익을 안겨주는 것 전체가 마케팅이다.

Part 2

비즈니스
선교의 시대를
열게 하시다

- BM매장의 시작과 구체적인 사례

"보라 내가 새 일을 행하리니 이제 나타낼 것이라
너희가 그것을 알지 못하겠느냐
반드시 내가 광야에 길을 사막에 강을 내리니"
(이사야 43:19)

Part 2에서는 선교적 기업으로서 나가는 데에 중요한 역할을 한 BM매장에 대해 중점적으로 다루게 된다. 그리고 이 부분에 앞서, BM매장의 출발을 가능케 한 해외 사업에서의 실패역사를 잠시 이야기하게 될 것이다.

충분히 성공할 수밖에 없었던 이 사업이 예상치도 못한 계기로 접게 되었던 그 과정……. 처음에는 실패로 읽혀졌던 그 시간들이 하나님의 주관 하에서는 어떠한 의미를 지녔는지를 이 파트에서 증거 하게 될 것이다.

또한 BM매장이 어떻게 선교현장에서 유용하게 쓰임 받을 수 있는지를 본죽 & 도시락의 다양한 버전을 중심으로 설명하게 될 것이다.

우리에게 주어진 위기는
하나님이 허락하신 기회일 뿐이다

우리는 고난 가운데서도
고난을 보지 않고

고난 중에 역사하시는 하나님을 본다
고난 뒤에 예비하신 하나님의 뜻에 집중한다

Chapter 1

한식의
세계화를 향한 도전과
그것을 통해 이루신
비즈니스 선교

예감이 좋았던 미국 진출

한식의 세계화를 향한 첫 출발

　해외 출장을 가면서 매번 내 마음을 두드렸던 것이 한식의 세계화였다. 일본, 중국, 베트남 음식은 세계 각국에 즐비하게 펼쳐져 있는데 왜 그토록 뛰어난 한식은 아직 세계화에 실패했는지 의문이 들곤 했다. 그러면서 그 과제를 우리가 해결해야 한다고 생각했다. 무엇보다 이미 한국에서 성공적으로 자리 잡은 만큼, 한식은 세계에서도 충분히 좋은 반응을 얻으리라 예상될 수밖에 없었다.

　처음 타깃으로 잡은 곳은 미국이었다. 2005년, L.A의 번화가인 윌셔

가에 자리를 얻었다. 자리를 잘 잡은 것부터가 뭔가 대박 날 조짐으로 여겨졌다. 그러나 예상과 달리, 시작부터 삐거덕거리는 것들이 한두 가지가 아니었다. 오픈하기 전까지 신경 써야 할 일들이 너무 많아 내가 계속 투입되어야 할 정도였다. 결국 거의 한 달 정도를 그곳에서 지내며 총지휘를 해야 했다.

아무래도 가장 큰 문제는, 죽의 질을 결정하는 식재료였다. 한국에서 공수되던 재료들과는 현지에서 구한 재료는 색과 맛 자체가 달랐다. 그러니 본죽 본연의 맛을 구현해내기가 어려웠다. 현지에 있는 한국마트를 통해 공수를 해 보았지만 기존의 맛을 그대로 낼 수는 없었다.

그럼에도 적절한 대안을 찾아가며 어렵사리 미지의 땅에서 오픈을 하게 되었고, 나도 이내 안심을 하며 한국으로 돌아왔다.

예기치 못한 문제들의 연속

다행히 스타트가 괜찮았다. 하지만 오픈 이전에 우리를 괴롭혔던 문제들이 오픈 이후라고 해서 사라진 것은 아니었다. 오히려 예상치 못한 변수는 우리를 더 큰 궁지로 몰아넣었다. 가령 한국인 채용이 어려워 멕시칸을 고용하여 조리를 하게 했는데, 한국에서 두 명 정도면 거뜬히 해낼 주방 일을 이곳에서는 여러 명을 투입시켜야 했다. 게다가 의사소통이 잘 되지 않는 외국인 조리사들이다 보니 조리 노하우를 습득하는 데에도 시간이 많이 걸렸고 주방 활용 시스템도 너무나 달라 죽을 만들어 내는 데 있어서 어려움이 더해갔다.

특히 미국에서는 위생관리 규칙이 엄격하여 조리 시 재료를 한꺼번에 꺼내놓는 것 자체가 불가능했기 때문에 조리 시스템 활용에 있어서도 난항을 겪어야 했다. 심지어 정수기를 들여다 놓을 수 없다고 하여 생수도 일일이 다 사서 써야 했다.

급기야는 전혀 예상하지 못한 부분에서도 문제가 터졌다. 어느 날, '헬스'라는 위생점검반이 한국인 식당을 점검한다는 차원에서 나왔는데, 후드 배기량이 기준치에 못 미친다는 판정을 내린 것이다. 그들은 그냥 경고 차원이 아니라, 영업 불가라는 결정까지 내린 후 떠났다. 미국의 시스템에 맞게 위생관리를 하면서 최대한 공을 들였는데 전혀 생각지도 못한 것에서 문제가 터져버린 것이다. 정말이지 배기량이 걸림돌이 될 줄은 생각조차 못했다.

나는 얼른 미국으로 다시 가서 후드를 고쳐가며 재검사를 기다렸다. 그러나 몇 달 째 결과가 나오지 않았고 영업 재개는 불투명해졌다. 오픈 당시, 메이저급 신문에서 대서특필로 다루어주어 교민들에게 좋은 인상이 심어지기까지 했는데 이렇게 갑자기 문을 닫게 되니 더 막막했다. 그렇게 6개월가량 영업이 중단된 채로 시간이 흐르는 동안, 월세는 꼬박꼬박 나갔고 손해는 막대해져만 갔다.

나중에야 허가가 다시 났지만 이미 때는 늦었다고 판단되었다. 영업을 원활하게 재개하기에는 어려움이 산적해진 상태가 되었던 것이다.

완벽한 실패로 끝난 미국 진출

마침 시누이 부부가 미국 매장 일을 해보고 싶다고 하여 여러 모로 지원을 해 준 뒤 보내었지만, 그들 역시 생각만큼이나 쉽지는 않았다고 했다. 심지어 매장을 맡아보던 시매부는 그 일을 하면서 없던 병까지 얻었다. 어쩔 수 없이 시매부만 귀국을 하고 시누이가 홀로 아이를 키우며 매장을 돌보게 되었는데, 언어도 잘 안 통하는 그곳에서 그 힘든 일을 다 감당하는 것이 시누이에게도 끔찍할 수밖에 없었다. 결국 다른 적임자에게 매장을 맡기고 철수하자고 한 뒤, 시누이도 귀국을 했지만 두 부부의 갑작스런 죽음으로 인해 더 이상 LA매장은 지속하기가 어려웠다.

동생 부부를 잃은 충격은 남편에게서도 가시기 어려웠다. 그 사건은 해외사업에 대한 회의감까지 갖게 만들었다. 그렇게 미국에서의 한식 진출은 예상과는 달리 실패로 끝났다. 한식의 세계화에 대한 첫 포문을 연 일이라 자부했는데 막상 수포로 돌아가자 해외 진출에 대한 기업의 의지 역시 꺾어지는 듯 했다.

그럼에도 나는 포기하지 않았다. 실패한 만큼 새로운 일들이 우리를 기다리고 있을 것이라 생각했다.

본죽의 비즈니스 미션 **성경적 가치 경영**

이번에는 성공할 줄 알았던
일본 진출

L.A 매장을 접을 당시, 일본에서도 오픈을 준비하고 있었다. 이전 사건에 대한 충격으로 유보하자는 입장이 거세었지만 이미 오픈 준비가 되어가던 중이라 무를 수는 없었다. 계획대로 아카사카와 신주쿠, 오쿠보에 차례로 매장을 오픈했다. 오픈을 한 후, 우리는 동경타워에 모여 함께 기도를 드리기도 했다.

"하나님, 이 땅을 주시면 일본에 교회도 짓겠습니다. 하나님 나라 이루는 데 저희 기업이 쓰였으면 좋겠습니다."

한 차례의 실패가 있었던 만큼 더욱 신중하게 일을 진행해 나갔다. 미국에서 경험했던 교훈을 토대로 한국 직원을 쓰고 철저하게 시장조사를 하는 등, 시행착오를 줄일 방안을 모색했다. 다행히 아카사카점은 방송에 나올 정도로 성공적이었고 나름 현지에서도 유명세를 얻게 되었다.

그러나 3년 계약이 끝날 즈음, 또다시 사건이 터졌다. 예상치 못한 일로 사건이 터질 때마다 같은 일이 번복되지 않도록 주의를 하는데, 매번 주의를 해도 예상치 못한 사건은 끝나질 않는 듯 했다. 일본에서의 사건은 계약 문제에 대한 것이었다. 알고 보니 처음 계약할 때, '주인이 거부

하면 그대로 관둬야 하는 계약'에 서명을 한 것이 아닌가. 일본의 계약 시스템에 대해 자세히 몰랐던 탓이었다.

장사가 잘 되는 데도 포기해야 하는 기가 막힌 상황이 찾아왔을 때, 나는 다른 사람들과 달리 여전히 해외시장 진출을 포기하지 않았다. 누가 보면 집착으로 여길 정도로 한식의 세계화에 대한 비전이 간절했다. 두 번의 실패를 경험했음에도 계속 해외를 다니며 준비를 했다. 미국 라스베이거스, 말레이시아, 베트남, 북경 등지를 다니며 전화위복을 꾀했다.

더 이상의 후퇴는 없을 것 같았던
중국 진출

대기업을 의지하려고 했던 실수

두 나라에서 눈물의 실패를 경험했기 때문에 이전의 방식만을 고수할 수는 없었다. 따라서 처음 중국에 진출했을 때는 새로운 방법을 시도했다. 이제까지 우리 스스로 준비하고 오픈을 하려고 했다면 중국에서는 대기업과 연결하여 오픈하는 방식을 택한 것이다. 뭔가 안전하고 쉬울 것 같았다. 특히 대기업과 함께하면, 앞서 겪었던 황당한 실수도 더는 반복되지 않으리라 생각했다.

그러나 중국 북경 진출도 그리 만만한 일은 아니었다. 대기업 마트와 파트너십을 맺었다고 해서 어려움은 없는 것이 아니었다. 오히려 또 다른 변수가 기다리고 있었다.

오픈 때는 한류의 영향에 힘입어 반응이 좋았지만 건너편에 미국 마트가 들어선 후로 마트 자체가 타격을 입기 시작했다. 마트 자체의 손님이 줄어드니 본죽 매출도 줄 수밖에 없었다. 어렵게 꽃피우려고 했던 세 번째 나라에서의 꿈도 다시금 접어야 했다.

대체 무엇이 문제인지 알 수가 없었다. 아무리 실패의 연속이라도 이유를 알면 힘들지 않을 텐데, 하나님의 의도를 알 수가 없어 더 지쳤다. 아니나 다를까, 중국 매장 건으로 복잡한 중에 국내에서는 OO제로 사건까지 터져버렸다.

그때 나는 하나님이 지시하신 방식으로 국내에서 수습을 해나가면서도 한편으로는 이것이 해외 진출에 더 열을 올리라는 사인이 아닐까 생각했다. 이제는 '한국이 아닌 중국으로 가라.'는 하나님의 뜻인 것만 같았다.

특히 그 시기, 대표이사 자리를 역임하게 되면서 해외사업에 더 큰 힘을 쏟을 기회까지 얻게 되었다. 마침 남편 역시 그간 해외 사업에 대해 가지고 있던 회의감을 벗어냈던 터라 적극적으로 힘을 실어주겠다고 했다. 오래토록 해외 진출에 대한 내 열정이 식지 않는 것을 보니, 더 이상 말려서는 안 되겠다 싶었던 것이다.

해외법인 본월드를 통한 새 출발

그런 중에 2013년, 본아이에프에서 분리된 본월드가 새롭게 발을 내

딛었다. 이것은 곧 국내사업과 해외사업의 분리를 의미한다. 그때부터는 본월드라는 이름으로 해외 활동이 이루어졌다.

물론 본월드가 해외법인으로 분리될 때 마음이 어려웠다. 기도 중에 주님이 "해외사업은 본사나 본아이에프와 섞지 마라. 이제 해외사업과 선교사업을 묶어서 하라. 본월드미션센터가 되어라."라고 지시하셨다.

하나님의 말씀대로 분리되어 따로 나가는 건 맞는 것 같은데 아무래도 인간인지라 많이 힘들었다. 뭔가 다 이뤄놓은 듯한 곳에서 나가 새롭게 시작해야 한다는 사실이 부담되기도 했고, 들었고 함께 가자는 제안을 거절하는 분들도 있어 서운하기도 했다. 그만큼 막막하기도 하고 외롭기도 했지만 하나님의 명령에 순종해야 했다.

새롭지만 좁은 사무실. 함께하기로 자원한 열 명 가량의 직원들과 눈물로 첫 예배를 드리면서 본월드의 첫 하루도 시작되었다.

이후 일본에 마스터프랜차이즈를 열겠다는 사장님을 만나게 되면서 도쿄에서 가맹사업을 시작하게 되었고 상해에서 다시 중국 사업을 열게 되었다.

내 팔이 K그룹보다 짧겠느냐

한번은 중국 K그룹에서 우리 브랜드를 가져가고 싶다는 제안을 했다. 그 그룹은 중국에서 높은 순위 안에 드는 대형 유통업체였다. 실제로 한국에 있는 ○○피자를 가지고 매장을 200개 넘게 열었던 전적이 있었던 만큼, 그 제안에 기쁘지 않을 수 없었다. 그런 곳에서 우리를 두 번째로 선택했다는 것은 분명 반색할만한 일이었다.

하지만 협상을 하는 과정에서 실망스러운 모습이 나타나기 시작했다. 그들은 오로지 돈을 버는 것이 목적이었다. 브랜드를 가지고 회의를 계속하는데, 아예 나더러 그룹 내 CEO로 들어오라는 말까지 했다. 이것은 곧 합자회사를 맡으라는 의미이기도 하다. 특히 그 제안을 하면서 그들이 가지고 있는 부동산그룹, 백화점그룹, 호텔그룹을 보여주며 기를 죽이기 시작했다. 이런 곳에 너희가 들어오면 엄청나지지 않겠냐며 거들먹거렸던 것이다.

솔직히 솔깃하지 않을 수만은 없었다. 그러나 그날 밤, 밤새 기도를 하는데 하나님은 이렇게 말씀하셨다.

"내 팔이 K그룹보다 짧겠느냐."

하나님의 응답 앞에서 더 이상 고민할 이유가 없었다. 그 다음 날, 당장 함께하지 않겠다는 의사를 밝혔다. 굳이 우리와 하고 싶다면 파트너십이 아닌 가입비를 내고 마스터프랜차이즈를 하라고 했다. 그때부터 그들은 아예 본색을 드러내기 시작했다. 공항까지 마중 나와 에스코트하던 이전까지의 예의는 완전히 포기한 채, 간단한 배웅도 하지 않았다.

계약을 포기하고 돌아오자 당연하리만치 직원들도 아쉬워할 수밖에 없었다. 나의 결정을 마치 '다 된 밥에 재를 뿌린 것'처럼 생각하는 분위기가 감돌기까지 했다.

그러나 우리 기업을 향한 하나님의 뜻은 우리가 생각하는 것, 그 이상이었다. 단순히 해외에 많은 매장을 내어 수익구조를 올리는 것만이 하나님이 계획이 아니었다. 우리 기업을 통해 하시고자 하는 일은 따로 있었다. 어쩌면 K그룹과 같은 대기업과 합작하는 것은 결국 축복의 장자권을 그냥 넘겨주는 거대한 사고를 치는 것이나 다름이 없었다. 하나님은 그것을 분명히 깨닫게 해 주셨다. 대신 하나님은 그런 거대 기업이 아니어도 해낼 수 있다는 힘을 주셨다. 그때 하나님은 이런 음성을 들려주셨다.

"중국은 네가 해라."

그 말씀 하나가 나에게는 몇 개의 기업과 협력하는 것, 그 이상으로 든든하고 힘이 되었다. 아니, 비교하는 것 자체가 불가했다. 기쁨에 넘쳐 그때 이렇게 대답했다.

"아버지, 제가 가겠습니다. 이 산지를 내게 주소서!"

그때부터 신기하게도, 일반인이 와서 라이센스를 사간다고 하는 것이 반갑게 느껴지지 않았다. 라이센스 비용은 거의 1억에서 10억 정도 하는 만큼, 무시할 수 없는 돈임에도 그 제안이 탐탁지 않았다. 오히려 선교사님들에게 라이센스를 무료로 드리는 것이 낫다고 생각되었다. 아무리 많은 돈을 얻을 수 있다고 해도, 우리 기업의 가치와 사명을 모르는 사람을 통해서는 흘러가게 할 수 없었던 것이다. 그렇게 버는 돈은 아무런 의미가 없었다. 하나님이 원치 않으심을 느낄 수 있었다. 무엇보다 하나님이 철저히 그런 흐름을 막아 오셨음을 깨달을 수 있었다.

반복되는 실패만큼 하나님을 더 의지하다

이후로도 중국 활동에는 어려움이 이어졌다. 하나님의 함께하심과 인도하심에 절대적인 확신은 있었지만 인간적인 막막함과 기다림의 시간이 제외될 수는 없는 노릇이었다. 그러나 불편하고 답답한 상황에서도 하나님은 끊임없이 감사할 수 있는 훈련을 하게 하셨다.

그렇게 감정의 교차가 반복되던 어느 날, 우리 사무실이 있는 층 끝에 새순교회를 발견했다. 한인교회가 그리 가까운 곳에 있는 줄 상상도 못했다. 그곳은 예배 때만 문을 여는 곳인데, 목사님의 배려로 우리는 아침마다 그곳에서 기도를 할 수 있었다.

그런 과정에서 우리는 '이 땅에서 하나님의 선교와 비즈니스를 어떻게 함께 접목시켜 갈 것인지'를 늘 고민하고 간구했다. 놀랍게도 그러던 중에 계약건수가 늘기 시작했고 우리가 바라던 마스터파트너들을 만날 수 있었다. 특히 중국에서 프랜차이즈 박람회를 다니는 동안 우리와 함께하고 싶다는 파트너들을 만날 수 있었다. 상담에서 끝난 정도가 아니라, 거의 계약이 확실해 보일 정도까지 갔다. 이제 중국에서의 사업이 드디어 활개를 펼치는구나 싶었다.

하지만 그 역시도 우리의 생각일 뿐이었다. 1년 여 기간을 공들여 상담을 했지만 정작 막판에 성사되지 않았다. 그 상황에서 결정적으로 문제가 되는 사실을 알게 되었는데, 바로 우리가 하는 일들이 불법이었다는 사실이었다. 알고 보니 계약 후 1년이 지나야 가맹사업을 시작할 수 있다는 것이 아닌가? 이것은 곧 이미 매장을 연 곳들은 다 불법이며 이전에

쓴 계약서는 모두 위법 계약서라는 것을 의미했다. 이 사실을 알고 또다시 좌절할 수밖에 없었다.

물론 이미 매장이 들어섰으니 몰래라도 이득을 취할 수 있었다. 실제로 중국인들은 다들 관행처럼 그렇게 하기 때문에 표면적으로는 큰 문제가 되지도 않았다. 불법계약서로 돈을 받고 상무국에 등록되지 않은 채로 사업을 하는 경우가 비일비재하다고 했다.

그러나 하나님의 일을 하는 기업에게 있어 불법은 가당치도 않았다. 투명한 수익이 아니라면 절대로 취해서는 안 되었다. 실제로 몇 달만 기다리면 합법적으로 진행이 가능하니, 몇 개월만 모른 척하고 넘길 수도 있었지만 과감히 포기했다. 모든 계약을 다 무효화했고, 법적으로 발효되기까지 가맹비와 로얄티를 안 받겠다고 했으며, 그동안 열었던 가맹점들까지 백지화시켰다.

결론적으로 중국에서 오래 공들였던 모든 것들이 다 수포로 돌아가게 된 셈이다. 무엇보다 나중에 자격이 주어졌다고 해도, 처음부터 다시 시작해야 하는 번거로움이 따를 수밖에 없었다. 또한 그동안의 사정을 설명하면서 재계약을 해야 했기에 브랜드 이미지에도 안 좋은 영향을 미칠 수 있었다.

그러나 놀랍게도 그것이 실패로 느껴지지 않았다. 계약서를 회수하면서 하나님이 이런 결정을 주관하시고 기뻐하심을 알 수 있었다. 실제로 그 과정에서 일부 계약자들로부터 신뢰를 얻기도 했다.

하나님의 뜻을 향해
처음부터 다시 출발하다

근본적인 문제 네 가지를 알게 하시다

중국에서 상해 직영점을 내야 하는 지에 대한 문제로 기도하던 중, 테스트나 R&D, 신메뉴 개발 등을 중심으로 한 파일럿숍 형태의 직영점을 꾸려야 한다는 사실을 깨달을 수 있었다. 하지만 확신이 들면서도 이 일을 위해 쏟아야 하는 것들 및 이전의 실패 등이 떠올라 답답했다. 이런 마음으로 하나님을 붙들고 기도를 하는데 하나님은 지금까지 해외의 일들을 떠올리게 하시면서 왜 일이 제대로 되지 않았는지를 깨닫게 해 주셨다.

첫 번째로, 하나님은 그동안 내 힘으로 하려고 했던 모습을 떠올리게 하셨다. 하나님을 의지한다고 하면서도 그동안의 내 지식과 경험만 믿었던 게 내 모습을 보여주신 것이다. 그러면서 하나님은 처음 본죽을 창업할 때의 상황을 돌아보게 하시고 오직 하나님만 의지할 수밖에 없었던 모습을 회복하게 하셨다. 실제로 해외사업을 하는 동안, 초창기 때처럼 절실하지 않았다. 어차피 한국에서 잘 되고 있으니, 해외에서 '잘 되면 좋고 안 되도 문제없다'는 그런 마음이 남아있었던 것이다. 그러니 초기에 창업할 때처럼 하나님에게 매달리던 모습은 사라진지 오래였다. 결국 하나님은 중국에서의 실패를 경험하게 하시면서 절박함을 일깨워주셨고 동시에 하나님만을 붙들 수밖에 없는 초심으로 돌아가게 하셨다.

두 번째로, 하나님은 내가 이 나라 사람들을 사랑했는지를 물으셨다. 이전에도 〈하나님의 대사〉를 쓰신 김하중 대사님으로부터 이것에 대한 깨달음을 얻은 적이 있었는데, 하나님은 다시금 그 사실에 주목하게 하셨다.

'정말 내가 중국 땅을, 중국 사람들을 사랑했던가?'

이제껏 나는 근본적인 이 질문을 배제한 채로 사업을 해 왔다. 중국을 사랑해서가 아니라, 뭔가 중국에서 크게 해 보려고, 그들을 가르쳐보려고 그 땅에 간 것이었다. 그들을 존중하고 사랑하는 마음으로 그들의 문화를 먼저 배우고자 했어야 하는데 오히려 우리 것만을 자랑하려고 했던 것이다. 중국인들도 우리의 고객이자 소비자인데, 기업인의 입장에서 그들을 존중하고 사랑하는 마음이 없었으니 하나님은 그런 기본적 경영가치관을 다시금 깨우치게 하신 것이다. 나는 그 사실을 깨닫고 울며 회개했다. 그 기본을 놓치면서 원망만 했던 내 자신을 돌이키며 철저하게 회개했다.

세 번째로, 하나님은 목표와 목적을 분명히 할 것을 깨닫게 하셨다. 정확하게 말하면 하나님이 지시하신 목표와 목적대로 하고 있는지를 다시금 돌아보게 하셨다. 해외사업의 본래 목표와 목적은 무엇이었던가? 바로 선교다. 선교 그 자체인데, 정작 나는 선교라는 타이틀 뒤로 한 채 다른 목적에 사로잡혀 있었다. 기업의 성공을 통해 많은 돈을 벌고 그것

본죽의 비즈니스 미션 **성경적 가치 경영**

으로 하나님 나라를 확장하겠다고만 생각한 것이다.

　하나님은 선교 사명을 말하면서도 정작 어떻게 그것을 이루어야 할지, 구체적인 방법에 대해서는 묻지 않았음을 알게 하셨다. 그동안 나는 그냥 잘 나가는 기업들을 떠올리며 '그 기업처럼 잘 되어서 하나님의 일을 많이 하게만 해달라.'는 식이었던 것이다. 그러니 하나님이 우리 기업을 어떻게 쓰실지, 어떤 방향으로 나아가길 원하시는지도 알지 못했고 계속 그 가운데서 삐걱거림이 생길 수밖에 없었다.

　네 번째로, 하나님은 여전히 내 안에 명예욕이 남아있음을 깨닫게 하셨다. 하나님만을 높이며 나는 낮추겠다고 하면서도 여전히 내 안에 사람들에게 드러내고 싶은 마음이 남아있었던 것이다. 아니, 여전히 가득한 듯 했다. 해외에서도 성공했다고 자랑하고 싶은 마음이 분명 있었다. 하나님이 그런 내 속마음을 모르실 리 없었다. 아무리 선교를 표방한대도 그 안에서 나 자신을 높이기 원한다면 그것은 온전한 하나님의 선교를 이루는 데 걸림돌이 될 수밖에 없었다. 하나님의 도구로 쓰이기에 부적합하기 때문이다. 그러기에 하나님은 철저히 자기를 부인하는 시간을 갖게 하셨고, 내려놓으면서 기다림의 영성을 갖는 과정을 허락하셨다.

　대신, 낮아지되, 해외에서 하나님이 계획하시는 일들에 대해서는 포기하지 않게 하셨다. 사실 계속된 해외 사업의 실패 가운데서도 포기하지 않고 버티는 내가 나 스스로도 의아하게 느껴졌다. 잘 안 되면 그만 두고 국내 사업에 전념하면 되는데, 왜 계속 해외 사업을 포기하지 못하는 것인지 나도 이해가 되지 않았던 것이다. 그런데 그조차도 하나님이 하신 일이었다. 하나님께서는 해외에서 계획하신 일이 있으시기에 해외로 나가는 과정은 허락하시되, 단, '인간'은 나타나지 않게 하시려고 그런 훈련의 과정을 더하신 것이다. 결과적으로, 하나님은 해외 진출은 포기하지 않게 하셨고 대신 나 자신을 높이려는 것은 철저히 포기하게 하셨다.

사드 사태로 인한 철수와 내 곁에 남은 소수의 사람들

그런 깨달음 속에서 하나님은 처음부터 다시 시작하게 하셨다. 하지만 그렇다고 해서 이후로도 성공가도만을 달린 것이 아니다. 새롭게 자리를 잡아가는 중에 고난이 또 찾아왔다. 한창 한류 열풍으로 중국에서의 한국 시장이 승승장구를 하던 중, 사드 사태가 일어난 것이다. 국가적인 이유 앞에서, 아무런 방도가 없었다. 7개 매장의 문을 닫고 돈도 바닥이 나 버렸다. 심지어 이 상황을 감지한 직원 8명은 나를 위해 자신들이 나가겠다며 먼저 사표를 내 버렸다. 물론 대표님을 위해서 내린 결정이라고는 했지만 사실은 더 이상 희망이 없다고 생각했기 때문이기도 했다. 내가 그 상황에서 금식 기도를 한 후, 앞으로 일반 매장이 아닌, 선교 매장만을 열겠다고 선포했으니 그럴 만도 했다. 아무래도 그들 입장에서는 더이상 비전이 없다고 여겼을 지도 모른다.

실제로 기획실장은 떠나면서 처음으로 나에게 조언을 해 주었다. 경영은 그렇게 하는 게 아니라며 조언을 해 주는데, 나 역시도 잠시 흔들렸다. 내가 정말 잘못하고 있는 게 아닌가 싶었다. 하나님 뜻이 옳다고 하면서도 내가 꼭 미친 짓을 하고 있는 것만 같았다.

결국 내 곁에 남아있는 분은 프랜차이즈에 대해서는 아무것도 모르는 분들, 셰프, 수행비서를 비롯한 네 명 뿐이었다. 그 오랫동안 우리 기업에서 함께 하며 실력을 쌓아왔던 전문적인 사람은 다 빠지고 프랜차이즈 경영에 대해 잘 모르는 네 분뿐이니, 더 막막할 수밖에 없었다. 그러나 하나님은 이들이 기드온의 300용사라고 하셨다. 전투를 앞두고 하나님이 남기신 소수 정예의 군단이 바로 그 네 사람이었던 것이다. 물론 그 말씀을 듣고도 여전히 막막한 것은 사실이었다. 아무리 보아도 그들이 300용사라고 생각되지 않았으니 심적 갈등이 계속 될 수밖에 없었다.

결국 기도하면서 하나님께 증표를 구했다. 그때 놀라운 일이 생겼다. 돈도 없고 사람도 없는 그 상황에서 네 사람 중의 한 분인 홍선교사님이 소스통관을 15가지나 성사시킨 것이다. 참고로 우리가 중국에서 10년 동안 있으면서 단 한 번도 소스통관이 된 적이 없었다. 어떤 노력을 해도 거부당하기 일쑤였다. 전문적인 직원들이 아예 상해에서 상주하면서 2년 동안 시도했음에도 불구하고 매번 실패하곤 했다. 그 결과 어쩔 수 없이 산둥성에 있는 공장에서 만들어 배부해야 했고 그러다 보니 본연의 맛을 못 내는 것은 물론 음식 전체의 맛을 지킬 수도 없었다.

그런데 홍선교사님이 소스통관을 15가지나 성사시켰다는 것이다. 그분은 당시 비경영인이었고 선교 사명만 가지고 알게 된 분이었다(우리 센터에서 운영하는 게스트 하우스를 통해 처음 알게 된 후, 우리와 지속적으로 함께하게 된 분이다). 그런데 그런 분이 이 영역 전문가도 몇 년 동안 못 해내던 일을 해낸 것이다. 구체적으로 AT를 통해 소개받은 자문업체에 각종 서류와 제품 샘플들을 보냈고 그쪽에서 세부적인 절차를 대신 진행해 주었다. 즉, 통관절차를 다시 밟아나갔고 한국 공기업이 보증해 준다는 사실을 기반으로 신뢰를 얻게 된 것이다. 프랜차이즈와 경영에 대해서는 문외한이었던 분이 이런 절차를 통해 소스 통관을 이루어낸 것은 분명 하나님이 보여주신 증표임에 틀림없었다.

나는 거기서 하나님께 무릎 꿇었다. 하나님이 행하시고 일하신다는 것을 정확히 깨달았다. 인간적인 생각으로는 어려워 보이는 선교매장이 사람이 아닌 하나님이 하심을 분명히 목격하게 된 것이다.

숨겨놓으신 열매가 나타나기 시작하다

이후로 세계 곳곳에 본격적으로 선교매장인 BM(본미션·Bon Mission)매장이 세워지기 시작했다. 물론 이 일조차 쉽지는 않았다. 나부터 팔을 걷어붙이고 청소, 정리를 다 해주어야 했다. 매장을 어떻게 정리하고 청소하는지 모른 채 방치만 하고 있으니, 내가 나설 수밖에 없었다. 물론 알아서 잘 정리되고 진행되는 곳도 있었지만 전반적으로는 좌우충돌해 가며 어렵게 오픈을 하곤 했다.

그렇게 2016년 우크라이나에서 1호 BM매장을 연 것을 시작으로 2018년 11월 기준 아프리카와 오세아니아를 제외한 아시아, 아메리카, 유럽 등지에서 BM매장이 운영되고 있다. 감사하게도 현재 초반부의 어려움을 극복하고 지역의 명소가 된 곳들도 있다. 다 하나님의 인도하심을 드러내는 결과다.

이렇게 하나님은 오랜 기간 해외 사업에서의 실패를 통해 우리가 궁극적으로 잡아야 할 방향을 더욱 분명하게 제시해 주셨다. 한식의 세계화라는 비전은 겉보기에 실패했지만 하나님은 우리가 생각한 계획이 아닌 하나님의 방법대로 한식의 세계화를 열어가길 원하셨다. 이제 선교매장이라는 거룩한 하나님의 비전을 통해 갖가지 선교사업도, 한식의 세계화도 이루어지게 될 것이다. 그리고 이 모든 일은 하나님의 계획인 만큼 하나님이 행하시고 이루실 것이다. 동시에 우리는 그분의 도구로서 마음껏 사용될 것이다.

대수롭지 않게 보였던 하나의 음식이
본죽이라는 브랜드로 새롭게 태어났다

그 브랜드는 하늘에서 내려온
축복 그 자체였다

그 축복의 브랜드는
본죽앤 도시락(본죽앤 오병이어)
사랑으로 나눔으로 소생케 하는 또 하나의 생명체가 되었다

Chapter 2

오랜 실패와
연단 끝에
열매로 주신
선교매장

해외 사업을 향한 하나님의 비전은
BM매장이었다

한식의 세계화를 향한 여러 번의 해외 진출 가운데서 실패를 경험했지만 하나님은 그 안에서 새로운 역사를 펼쳐가셨고, 실패의 과정 속에서 새로운 사역을 감당할 겸손한 그릇으로 우리를 빚어가셨다. 그렇게 가장 열악한 환경에서 다시 출발한 것이 BM(본미션·Bon Mission)매장이다. 특히 사드 사태로 또다시 중국 시장에서 모든 것을 내려놓아야 하던 그때, 하나님은 BM매장의 첫 포문을 열어가셨다.

무엇보다 BM매장을 준비해나가는 동안, 비즈니스 선교를 향한 하나님의 뜻을 더욱 분명히 알아갈 수 있었다. 비즈니스 선교는 마지막 때에 하나님이 하나님의 기업을 향해 두신 뜻이자, 꿈이자, 대안이었다. 그리고 각국의 선교사님들과 함께 연합하여 이루어가야 할 존귀한 사명이었다.

또한 선교 사역에 필요할 수밖에 없는 물질을 선교적 기업을 통해 얻게 하시고 쓰이게 하시는 하나님의 뜻은 선교의 과정 하나하나에서부터 하나님이 개입하심을 보여주는 것이었다. 그렇게 하나님은 세상에서 악하게 사용되는 물질이 하나님의 사람들과 하나님이 기뻐하시는 방법들을 통해 충족되는 시스템, 그리고 이것이 다시 하나님의 일로 환원되는 시스템을 우리에게 본격적으로 가르쳐주셨고 가동하게 하셨다.

무엇보다 그런 거룩한 계획에 본죽이 쓰임 받을 수 있다는 것은 놀라운 은혜가 아닐 수 없었다. 그러기에 지난 날, 해외 현장에서 몇 차례나 마셔야 했던 고배의 잔이 더 이상 쓰게 느껴지지도 않았다.

물론 이전에도 본죽은 기부(Donation)용인 D매장을 운영하고 있었다. 매장 수익금의 일부를 기부하고 점주가 빈곤아동 1명을 후원하거나 지역의 어려운 이웃에게 쌀을 기부하는 방식으로 본사랑의 사업과도 연계해나가며 선한 사업에 동참하고 있었다.

이와 달리 선교(Mission)용인 BM매장은 그 자체로 하나님의 사랑과 이웃사랑을 나누기 위해 세워지는 선교매장이자 일터교회라고 할 수 있다. 매장을 통해 얻어지는 수익의 일부를 섬기는 데 쓰는 것이 아니라, 아예 매장에서 복음과 섬김이 함께 이루어지게 하는 것이다.

따라서 BM매장에서는 한국어 찬양, 한국어 방송을 틀어 음악, 영상 선교를 할 수 있으며, 주일은 제자양육을 하는 장소로도 활용할 수 있다. 또한 한글교실, 한식요리교실 등을 열어 한식의 세계화를 이끄는 매개로서의 역할만이 아니라 한류 문화 전파하는 도구로서도 지속적으로 쓰이게 될 것이다.

본죽 선교매장(BM매장) 안내

그룹 현황

본아이에프 그룹 (국내) 기독 기업
- ㈜본아이에프, 순수본, 본푸드서비스
  (총 1,832여개 매장 운영)

본월드 그룹 (해외) 선교 기업
- ㈜본월드, ㈔본사랑, ㈑본월드미션, ㈜ 본아트테이먼트
- ㈜본복이 (중국법인)
- DM매장, BM매장 (미국, 일본, 중국, 태국, 우크라이나, 몽골 등 진출)

선교 기업 개요

배 경
- 한류-한식-선교
- 기업-사역-사명-사랑-선교
- 일반 기업-기독교 기업-선교 기업

사업 영역
- 프랜차이즈 기업
- 물류유통 및 무역

구 분
- 본죽&비빔밥 Café — 일반 매장
- 본죽&도시락 Café
- 본죽&도시락 Catering ─ 선교 매장
- 본죽&브런치 Café

BM매장 미션과 비전

목 적
- 섬김 사역(이웃 사랑)
- 선교 사역(하나님 사랑)
- 경영 사역(성경적 기업)

목 표
- 섬김 사역(구제) : 빈곤층 섬김, 한글/한식 교실
- 선교 사역(일터교회) : 전도, 양육, 예배, CCM 선교, 영상/문서 선교
- 경영 사역(성경적 가치경영) : 6대 핵심가치와 3대 경영원리

BM매장 사명과 핵심 가치

BM매장의 사명선언문

하나님이 이끄시는 기업에는 분명한 사명이 있다. 그 사명 때문에 기업 자체가 세워진 것이기 때문에 이 부분을 놓치고서는 시작 자체를 할 수가 없다. BM매장 역시 비즈니스 선교로 하나님 나라를 확장하고 밥과 복음으로 하나님 사랑과 이웃사랑을 실천한다는 내용을 중심으로 하는 사명선언문을 가지고 있는데, 구체적으로는 다음의 다섯 가지로 정리된다.

1. BM매장은 비즈니스 선교로 하나님 나라를 확장합니다.
2. BM매장은 밥과 복음으로 하나남 사랑과 이웃 사랑을 실천합니다.
3. BM매장은 청지기 정신으로 정당하고 건강한 이윤 창출과 정직하고 투명한 물질 관리를 실천합니다.
4. BM매장은 기도로 시작하고 기도로 마치며 예배와 말씀으로 제자 양육을 실천합니다.
5. BM매장은 주께 하듯 직원과 고객을 섬깁니다.

첫째, 비즈니스 선교로 하나님 나라를 확장한다는 것은 BM매장의 존재이유를 분명하게 알려주기도 한다. 비즈니스 선교의 경우, 자칫 우선순위가 전도되는 경우가 있다. 하나님의 영광을 위해 일한다고는 하면서 오히려 이것이 인간을 높이고 기업을 높이고 수익을 끌어올리는 도구로 쓰일 수 있는 것이다. 이는 하나님을 통해 나를 드러내고 나를 높이는 것에 지나지 않는다. 그런데 사업을 하다 보면 자신도 모르게 이러한 늪에 빠지기 쉽기 때문에 BM매장은 항상 이 부분을 되뇌고 선포해야 한다. 어떤 일이든 하나님의 나라의 확장을 위해 사용이 되는지를 살펴야 하고 결과적으로 하나님이 높아지시고 하나님이 드러나시는지를 살펴야 하는 것이다. 이용되어야 할 대상은 하나님이 아니라, 우리와 기업이다.

둘째, 밥과 복음으로 하나님 사랑과 이웃 사랑을 실천한다는 것은 BM기업의 정체성을 알게 해준다. BM기업은 생명을 살리는 기업이며, 복음으로 생명을 살리고 음식으로 생명을 살리는 하나님의 통로다. 이 정체성을 인식한다면, BM매장을 운영하고 관리하는 데 있어서 마음가짐을 새로이 할 수 있다. 우리의 사업과 사역 하나하나를 통해 세상에 어떤 변화가 나타날 수 있는지를 늘 인식하며 일할 수 있기 때문이다.

셋째, 청지기 정신으로 정당하고 건강한 이윤 창출과 정직하고 투명한 물질 관리를 실천한다는 것은 과정 하나하나에서까지 하나님의 뜻에 철저하게 부합해야 함을 알려준다. 중국에서 그동안 맺은 계약에 위법성이 드러났을 때(계약 1년 후부터 운영이 가능하므로 이전에는 해서는 안 된다는 내용) 몰래 사업을 이어나갈 수도 있었지만 우리는 그렇게 하지 않았다. 몇 개월만 잘 버티면 손해 없이 이어갈 수 있었음에도, 막대한 손해를 감수한 채 철수하고 포기하였다. 그런 법 하나하나가 하나님 앞에서 철저하게 지켜져야 할 내용이기 때문이다. 어쩌면 그 사건은 앞으로 BM매장의 운영 방식에 중요한 시험대가 되었는지도 모른다. 이렇게 세상에서는 허용되는 눈속임이 BM매장에서는 통하지 않는다.

넷째, 기도로 시작하고 기도로 마치며 예배와 말씀으로 제자 양육을 실천한다는 것은 BM매장에서 이루어지는 모든 것의 시작은 하나님이고, 모든 것의 마무리도 하나님이심을 알게 해 준다. 곧 언제 어떤 상황에서든 하나님의 인도하심 속에 이루어져야 하며 하나님의 사인 없이는 한발도 나아가서는 안 됨을 알려준다. 그런데 이를 위해 필요한 것이 다름 아닌 기도다. 기도를 통해 하나님의 뜻을 구하는 것이 BM매장의 근간을 이루어야 하는 것이다. 또한 예배를 통해 하나님과 만나는 것, 하나님의 말씀을 듣고 배우는 것, 그리고 그 말씀대로 살기 위해 훈련받는 것이 BM매장의 기본적인 문화가 되어야 한다.

다섯째, 주께 하듯 직원과 고객을 섬겨야 하는 것은 성경이 최종적으로 말하는 메시지인 사랑과도 귀결된다. 만약 온 인류를 하나님의 마음으로 섬기고 사랑하기 위해 태어난 BM매장이 멀리 있는 사람들을 품는 데는 열정을 쏟으면서, 정작 가까운 곳에 있는 직원과 고객을 사랑으로 품지 못하면 이는 모순이 된다. 이런 경우는 아무리 선교활동을 열심히 한다고 해도 온전하신 하나님의 사랑을 드러내지 못한다. 정말로 하나님의

본죽의 비즈니스 미션 **성경적 가치 경영**

사랑을 전하는 매장이라면 가까운 곳에 있는 대상부터 '주께 하듯' 섬길 수 있어야 한다.

BM매장의 핵심가치

이어서 BM매장이 표방하는 핵심가치 또한 중요하게 살펴볼 필요가 있다. 핵심가치는 맛과 건강, 친절과 섬김, 청결과 위생, 정직과 투명인데 하나씩 살펴보면 다음과 같다.

첫째, 맛과 건강은 음식을 공급하는 매장에 있어 가장 본연의 의무라고도 할 수 있다. 선교매장으로써 나아간다고 하더라도 그 선교의 도구가 되는 것은 바로 음식인 만큼, 맛있고 건강한 음식을 제공하는 데에 일차적인 수고를 해야 한다. 이 단계에서 사람들에게 건강한 행복을 줄 수 있어야 선교의 도구로도 활용될 수 있는 것이다.

둘째, 친절과 섬김이 핵심가치라는 사실은 음식을 제공하고 다양한 선한 영향력을 끼치는 과정에서 사람과 사람 간의 관계가 중요함을 알게 해 준다. 하나님은 사람을 통해 일하시고 그 사람을 통해 다른 여러 사람들에게 영향을 미치게 하신다. 그만큼 음식이나 다른 매개가 되는 것들이 아무리 선하고 우수한 것이라 할지라도 그것을 공급하는 사람의 태도와 마인드에 문제가 있으면 하나님의 뜻을 나타내는 데에 걸림돌이 된다. 특히 친절과 섬김은 곧 겸손한 모습과도 연결된다. 실제로 하나님 앞에 진정으로 겸손한 사람은 사람 앞에서도 기꺼이 자신을 낮출 수 있고 주님이 보이신 섬김을 이어갈 수 있다. 곧 음식의 수준은 높여가되 그 음식을 전하는 사람은 늘 자신을 낮추어야 한다. 그리할 때 하나님만이 높아지시며 하나님만이 높아지실 때 매장의 가치도 오르게 된다.

셋째, 청결과 위생에 대한 가치는 고객이 건강만이 아니라 정성과 예의를 담아낸다. 아무리 맛이 좋고 보기 좋은 음식이라 할지라도 위생에 소홀했다면 기본을 어긴 것이 된다. 그것은 진정으로 고객을 섬기는 것이 아니다. 또한 이 위생을 위해서는 매장 전반이 청결 문제도 중요하다. 나역시 처음 해외에서 BM매장을 세워나갈 때, 팔을 걷어붙이고 청소부터 했다. 청소와 정리가 안 되어 있던 상황에서 다른 사람에게 맡길 것도 없이 나부터 청결한 공간을 만드는 데에 전격 투입되어야 했던 것이다. 이러한 기본에 충실할 때, 매장은 건강하게 유지된다.

넷째, 정직과 투명의 가치를 강조하는 것은 과정 하나하나를 하나님이 다 보신다는 것에서 비롯된다. 물론 세상 기업에서도 정직과 투명을 늘 말하고 이 부분에 대해 잘 지키는 기업들이 많다. 하지만 우리는 하나님이 항상 우리를 보고 계신다는 생각을 통해 정직과 투명을 지켜나간다. 그런 점에서 차별점이 있다. 만약 하나님과의 관계를 떠올리며 이를 지켜나간다면, 어떤 상황에서도 흔들리지 않을 수 있다. 하나님이 항상 지켜보신다는 것을 분명하게 인식하고 있는 이상 거짓과 불의는 존재할 수 없기 때문이다.

지속가능한 자립형
선교 패러다임의 새로운 모델

한식의 세계화 과정에서 나타났던 실패의 시기는 일반 비즈니스에서 킹덤 비즈니스로 향하던 과도기였다고 볼 수 있다. 그런데 만약 킹덤 비즈니스로 나아가는 그 과정에서 인간적인 생각과 고집을 버리지 못하거나 하나님의 뜻을 구하지 않았다면 아마 선교사들을 돕고 장학금을 지원하는 정도의 사역을 부가적으로 하는 데 그쳤을 것이다. 나름 선한 영향력은 펼친다고는 하나, 지속가능한 선교 사업의 매개로서 발전할 수는 없는 것이다.

그런데 사업과 사역이 구분되지 않는 BM매장의 차별화된 본질은 지속가능한 비즈니스선교의 중요한 모델이 되어준다. 사업이 사역이고 사역이 사업이 되는 것이야말로 사업이 하나님의 도구로서 철저하게 쓰임받는 방식이 되는 것이다.

이처럼 BM매장은 '비자 문제를 해결하기 위해', 혹은 '어떤 방식으로든 이익을 낸 뒤에' 선교에 투입되는 형태가 아니다. 매장 운영 자체가 하나님의 방법으로 이뤄지고 매장 자체가 예수님을 드러내는 것을 목표로 한다.

한편 BM매장의 활성화에 밑바탕이 된 것은 복음이라는 구심점을 통해 이뤄지는 선교사님들과의 파트너십이다. 선교사님들이 본래 가지고 있는 복음에 대한 열정과 선교 현장에 대한 깊은 이해가 본죽이 가지고 있는 비즈니스 노하우와 결합되자, 다른 곳에서는 발견하기 힘든 시너지를 이끌어낼 수 있는 것이다. 즉, 각자의 강점이 더해져 일시적인 선교가 아니라 지속가능한 선교체제를 이루어가게 된 것이다. 특히 BM매장은 기본적으로 우수한 한식문화를 맛볼 수 있는 기회를 제공하기 때문에 선교 접근성이 유리한 선교적 도구가 될 수 있다.

무엇보다 BM매장을 통해 열악한 환경 속에서도 묵묵히 선교를 감당하는 선교사들의 사역에 힘을 실어 드릴 수 있는 것은 물론, 생산적이며 지역 친화적인 선교를 지속할 수 있는 가능성을 매순간 경험해가게 된다. 곧 BM매장은 앞으로 지속 가능한 생산적 선교 매장이 될 수 있는 것이다. 여기서 생산적 접근이란 소비적 접근과 반대되는 것으로 새로운 것을 만들고 발전시키는 의미를 내포하는데, 구체적으로 이 매장을 통해 제자를 세우고 양육하는 일들이 가능해진다. 즉, 인적 생산이 이루어지는 것이다. 더불어 BM매장 일터교회를 다른 대상에 오픈할 수도 있기 때문에 장소적인 차원에서도 생산이 가능하다. 그만큼 소비만하는 선교가 아니라 자립하는 선교 시스템을 형성하여, 하나님의 방법으로 물질적 생산까지 창출해낼 수 있게 된다.

앞으로 BM매장은 하나님의 인도하심 가운데 1천 곳 이상 세워질 것을 목표로 하고 있다. 물론 이것은 나의 계획이 아니라 하나님의 계획이다.

사실 2014년, 본월드미션을 세우며 기도할 때 하나님은 솔로몬이 일천 번제를 드린 말씀을 묵상하게 하시면서 교회 1천 곳을 세우라는 마음을 주셨다. 그때는 그 말씀이 실현불가능한 막막함으로 다가올 뿐이었다. 이후 5년 여간, 하나님께서 국내외에 20여 개 가량의 작은 교회들을 세우도록 이끌어 주실 때만 해도 1천 개의 교회를 세우는 것은 무모해 보였다.

그러나 BM매장을 시작하면서 하나님의 그 말씀은 우리의 구체적인 비전이 되었다. BM매장이 일터교회이자 셀교회, 비즈니스 선교매장인데다가, 선교사들이 현지에서 매장 개설, 사업 운영권을 가질 수 있도록 마스터 프랜차이즈 방식으로 운영하기 때문에 이 매장들이 1천 개 세워진다면 교회를 1천 개 세우라는 하나님의 뜻을 이룰 수 있는 것이다.

분명 하나님은 앞으로도 지속적으로 인도하실 것이다. 하나님이 보여 주신 비전이 그대로 실현되게 하실 것이다.

하나님이 세우신 BM매장은
하나님의 사랑과 이웃사랑을 나누는 하나의 교회다

그 선교매장에서,
그 일터교회에서 우리는 오늘도 함께 꿈을 꾼다

그 꿈 안에서 복음으로 섬기고
복음으로 풍요로워진다

Chapter 3

BM 매장의
세 가지 버전

BM매장에서 활용가능한
세 가지 버전에 대하여

BM매장은 다른 프랜차이즈 기업처럼 가맹점을 늘리는 것 자체에 목적을 두지 않는다. 가맹점을 통해 하나님이 주신 비전을 확장하는 데에 목적을 두고 있으며 '선교 현장에 부합한 구조로서 다양하게 확대'해나가는 것에 초점을 두고 있다. 이에 한 가지 버전만이 아닌, 세 가지 버전을 가지고 있는데 하나씩 살펴보면 다음과 같다.

첫째, BM매장의 '본죽 & 도시락' 버전

'본죽 & 도시락' 버전은 BM매장의 첫 번째 버전이며, 현재 가장 활발하게 활용되고 있다. 우선 이 버전은 레스토랑형 카페 형태를 기본으로 하되, 한식당의 분위기를 드러낸다. 또한 운영 방식은 기존의 '본죽 & 도시락'과 큰 차이를 보이지 않지만, BM매장으로서 선교지에서 운영되는 순간 다음과 같은 선교적 가치를 더하게 된다.

먼저 매장 곧 일터 자체가 일터교회로서 기능을 하게 된다. 음식을 판매하고 매장을 운영하는 것만이 아니라, 매장 자체가 교회가 되어 직원들과 함께 예배드리고, 큐티를 나누고, 제자화를 이루어나갈 수 있는 것이다. 또한 남는 음식으로는 현지의 이웃을 섬길 수 있어 구제와 봉사도 이어나갈 수 있다.

그런 차원에서 볼 때 해당 매장은 제자화, 복음화를 이루는 거점이 되는 것은 물론, 분점 확장을 통한 선교 영역의 확대해 나갈 수도 있다. BM매장 자체가 선교사역을 감당하는 허브가 되는 만큼 분점 하나가 생기면 선교 거점이 추가되는 것이다. 그러므로 단순히 매장을 연다는 차원이 아닌, 선교 사역이 확대되어 간다는 차원에서 분점 오픈을 바라볼 수 있어야 한다.

이와 더불어 지역친화적인 관계 선교가 가능해진다. 일시적으로 머무르거나, 지나가면서 선교 활동을 하는 것이 아니라 매장을 통해 그 자리에 계속 거하면서 선교사역이 이루어지기 때문에 그 지역을 위한 선교사역지로 자리매김하게 되는 것이다. 또한 그 지역 내의 현지인들 하나하나가 품어야 할 영혼들이라고 할 수 있는데, 매장을 거점을 음식을 제공하

본죽의 비즈니스 미션 **성경적 가치 경영**

게 될 경우 고객들과 보다 친밀한 관계를 형성하는 기반이 닦을 수 있다. 특히 음식이라는 매개는 이런 관계 형성에 더 없이 적합하다.

더불어 일자리 창출의 기회를 제공하기도 한다. 매장 자체가 선교의 터전이 되는 것은 물론 선교비를 지원하는 자비량 선교센터로서 기능하게 되는 것이다. 또한 교육적인 기능 역시 다양하게 발휘하며 선교 사역과 연계해 나갈 수 있는데 음식 직업 교육이나 빈곤 아이들 양육 사업 등이 대표적인 예가 될 수 있다. 그만큼 음식을 통해 섬기는 것뿐만 아니라 음식과 관련된 요소들을 교육하는 차원으로도 선교활동이 확장될 수 있다.

이처럼 BM매장의 버전은 기존의 '본죽 & 도시락'의 기본 특성에 위와 같은 선교적 가치가 더해진 것으로, BM매장의 가장 기초적인 형태라고 볼 수 있다.

둘째, BM매장의 '본죽 & 브런치 Café' 버전

BM매장의 또다른 종류인 카페 버전은 선교지에서의 특성 때문에 새롭게 탄생하게 된 것이다. 선교지 중에는 '물과 불'의 제약 때문에 일반 식당을 내기 어려운 곳이 있고, 선교사님들 중에는 선교자금을 위해 매장을 내고 싶어도 음식 잘 못하기 때문에 꺼리는 경우도 있다. 아무리 소스를 다 제공한다고 해도, 요리에 익숙하지 않은 선교사님들에게는 그런 음식점 운영이 어려울 수 있는 것이다.

바로 이런 경우에 카페를 열면 조금 더 심플하게 운영을 할 수 있기에 기존의 제약을 극복할 수 있다. 뿐만 아니라 소스 자체가 들어가기 어려운 지역이 있는데 그런 경우에도 카페 버전으로 매장을 열면 부담을 덜 수 있다.

물론 카페라고 해서 차만 판매하는 것은 아니다. 김밥과 같이 간단하게 먹을 수 있는 한식도 곁들일 수 있다. 이렇게 음식을 곁들이게 된 것도 지난날의 시행착오가 한 몫 했다. 과거에 본죽 대학로점은 죽앤차 전문점이었는데 1년도 되기 전에 차를 다시 빼게 되었다. 사실 죽이 잘 안 될까 봐 차를 넣은 것인데 아무래도 대학로 이화동이다 보니 노인분들이 많으셨고 그 덕에 쌍화차, 유자차, 대추차 같은 전통차를 드시러 오시는 분이 많았다. 물론 손님들이 많은 것은 좋은 일이라 할 수 있다. 그러나 한번 앉으시면 집에 잘 안 가신다는 것이 문제였다. 또한 오래 계시는 경향이 있는 것뿐만 아니라, 다방에서처럼 점주나 직원을 마담 대하듯 하는 경우도 있었다. 그런 과정 끝에 '차만 가지고는 안 되며 브런치나 디저트를 곁들여야만 한다.'는 지혜를 하나님께로부터 얻을 수 있게 되었다. 그리고 해외 버전에서도 주신 그 지혜를 적용할 수 있게 되었다.

한편 이 버전에서 역시 매장은 '본죽 & 도시락' 버전 및 '본죽 & 브런치 Café' 버전과 마찬가지로 일터교회로서의 역할을 감당하게 되는 것은 물론 자연친화적 관계선교 및 일자리 창출을 이루는 선교적 공간으로 자리매김하게 된다.

본죽의 비즈니스 미션 **성경적 가치 경영**

셋째, BM매장의 '본죽 & 도시락 케이터링' 버전

선교지의 특성을 적극 고려한 카페 버전을 구상했지만, 경우에 따라서는 적용이 어려울 수 있음을 알게 되었다. 가령 장소적인 면, 위치적인 면에서도 불리한 점이 있을 수 있고 공간 배치에 있어서도 다방면에서 활용하기에 부족한 면이 따를 수 있는 것이다. 그런 고민과 기도 속에서 하나님이 깨닫게 하신 것이 바로 케이터링이었다. 이로써 카페 버전에 케이터링 버전이 추가가 된 것이다.

참고로, 케이터링이란 '자금 능력이 있는 고객에게 다 된 음식을 갖다주는 것(delivery)'을 말하는데 케이터링이 가능했던 것은 이미 우리가 도시락 브랜드를 시작하고 있었기 때문이다. 어떻게 보면 도시락 자체가 케이터링의 한 종류라고도 할 수 있다.

한편 케이터링의 시스템은 CK 방식으로 이루어지는데, CK란 센트럴 키친(central kitchen)의 줄임말이다. 한글로 직역하면 '중앙 부엌'이란 뜻인데, 풀어서 설명하면 중앙에서 다 만들어서 '딜리버리 해준다'는 의미를 갖는다고 볼 수 있다. 그야말로 케이터링은 CK에서 다 만들어서 딜리버리만 해주면 되기 때문에 매장이 없어도 되는 브랜드다. 이런 특성 때문에, 만약 매장이 이미 있다면 그냥 케이터링을 추가하기만 해도 된다. 가령 카페로 매장을 낸 후 케이터링을 추가하면 되는 것이다.

또한 고객들이 많이 찾지 않는 위치에 매장을 열게 되었다면, 매장은 조그맣게 내고 주방 중심으로 시스템을 갖추면 된다. 즉, 한쪽에서는 매장에 온 사람들 파는 음식을 만들고 한쪽에서는 케이터링 시스템을 갖추어 CK를 만든 후, 매장에서 주문도 받고 판매도 하고 딜리버리도 하면 되는 것이다. 사실상 이것이 가장 좋은 모델이라고 할 수 있다. 특히 이 경우 케이터링에 대한 또 다른 허가를 받지 않아도 된다는 장점이 있다. 카페 곁들여진 주방으로 허가를 내면 되기 때문이다.

따라서 해외 현지에서 BM매장을 열기 위해 요청을 했을 때, 지역의 특성상 매장 오픈이 조금 어려울 것 같다고 생각되면 케이터링에 중점을 두라고 조언하게 될 것이다. 예를 들어 매장이 30평이라면, 홀 10평에 몇 명이 먹을 수 있는 공간만 확보하고 나머지 20평은 다 주방으로 정하여 CK를 만들어버리면 되는 것이다.

또한 이 버전에서 역시 매장은 '본죽 & 도시락' 및 버전과 마찬가지로 일터교회로서의 역할을 감당하게 되고 자연친화적 관계선교 및 일자리 창출을 이루는 선교적 공간이 될 수 있다.

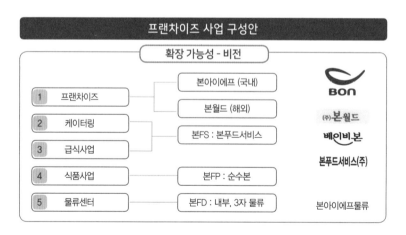

본죽의 비즈니스 미션 **성경적 가치 경영**

사업형태에 따른
세 가지 형태의 구성안

BM매장의 세 가지 버전은 또다시 세 가지 공식적인 사업 형태로 분류 및 조합될 수 있다. 각 매장의 상황과 가능성, 고객에 맞게 세 가지 대안 중 적절하게 선택을 할 수 있으며 도중에 하나를 추가하는 방식을 통해 구성 형태를 자연스럽게 바꾸어나갈 수도 있는 것이다. 곧 세 가지가 따로따로 존재하는 것이 아니라, 서로 연계된 상태에 있으며 통합, 분리될 수 있는 가능성을 늘 안고 있다고 볼 수 있다.

세 가지 구성 형태를 구체적으로 살펴보면, 첫 번째는 Café 프랜차이즈 형태(구성안 A)이고 두 번째는 케이터링(Catering) 형태(구성안 B)이며 세 번째는 두 가지가 결합된 Café 프랜차이즈 & Catering 사업(구성안 C) 형태다. 자세한 내용은 다음과 같다.

Café 프랜차이즈 형태(구성안 A)

첫째, Café 프랜차이즈 형태(구성안 A)의 경우에는 크게 가맹과 물류로 나뉘며 가맹은 직영점, 분점, 일반 가맹점으로 다시 분류된다. 또한 물류는 내부 물류, 3자 물류, 무역 물류로 나뉜다. 이러한 세부 형태로 프랜차이즈가 운영될 수 있는데 특히 이것은 케이터링으로의 확장 가능성을

늘 열어두고 있다는 점에서 차별화를 갖는다. 곧 이것은 본죽 프랜차이즈
가 가지고 있는 중요한 특성이며 선교 사업으로 연장되기 위한 하나님의
특별한 의도다.

케이터링(Caterion) 형태(구성안 B)

둘째, 케이터링(Caterion) 형태(구성안 B)의 경우에는 우선 매장에서
음식을 바로 파는 형태가 아닌 케이터링만을 중심으로 운영되는데 이것
은 케이터링 물류, 분점, 일반 가맹점 형태로 나뉠 수 있다. 여기서도 마
찬가지로 케이터링으로만 진행이 가능한 것이 아니라, 나중에 상황에 따
라 가맹 Café로 확장이 가능하다. 매장의 여건이나 고객층 및 환경의 변
화에 따라 얼마든지 변화를 줄 수 있는 것이다.

Café 프랜차이즈 & Catering 형태(구성안 C)

셋째, Café 프랜차이즈 & Catering 형태(구성안 C)의 경우에는 처음
부터 Café 매장과 케이터링이 동시에 진행되는데, 이름 하여 혼합 확장
형이라고 볼 수 있다. 즉, Café 매장과 Central Kitchen-CK(케이터링)
두 가지가 결합된 것이 기본적인 세팅이라고 할 수 있는데, 여기에 그치
지 않고 연계사업이 추가될 수도 있다. 연계할 수 있는 것으로는 추가적
인 Café 가맹과 케이터링 가맹(배달 케이터링)이 있고 시스템적으로는 물
류통합이 있다.

본죽의 비즈니스 미션 **성경적 가치 경영**

프랜차이즈 사업 구성안

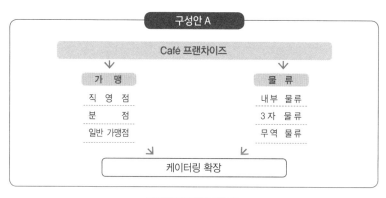

구성안 A

Café 프랜차이즈

가 맹	물 류
직 영 점	내 부 물 류
분 점	3 자 물 류
일반 가맹점	무 역 물 류

케이터링 확장

구성안 B

케이터링 Catering

케이터링 물류	분 점	일반 가맹점

가맹 Café 확장

구성안 C

Café 프랜차이즈 & Catering 사업

혼합 확장형
Café 매장 & 케이터링 동시진행

기본 셋팅	연계사업
Café 매장	Café 가맹
Central Kitchen–CK (케이터링)	Catering 가맹 (배달 케이터링)
	물류 통합 (시스템)

비즈니스 선교는
선교 역사의 새로운 패러다임이다

한국 교회가 추구해야 할
새로운 대안이자 선교의 새로운 방향이다

이제 교회가 함께
비즈니스 선교의 시대를 열어가야 한다

Chapter 4

새로운 대안으로서의
BM 케이터링에 대하여

Chapter 3에서 BM 케이터링의 세 가지 버전에 대해 살펴보았는데, 여기서는 그중 새로운 대안으로 제시되고 있는 케이터링 버전에 대해 조금 더 자세히 다루고자 한다. 새로운 버전으로 제시되고 있는 만큼 자세한 설명이 필요한데다가, 이 버전은 '어떤 선교지에도 적용이 가능한' 보완적 미래 버전이기 때문에 특유의 장점과 운영 및 절차에 대해 추가적으로 다룰 필요가 있다.

BM 케이터링의 차별화된 장점

케이터링 버전은 미래에 보다 유용하게 활용될 수 있는 대안이라 할 수 있는데, 이 버전만이 가지고 있는 장점들을 살펴보면 다음과 같다.

첫 번째 장점은 위치 선정을 할 때 매우 유리하다는 사실이다. 특히 일반적으로 선호되는 1층이 아니어도 괜찮다. 2층 외진 곳이거나 지하라고 하더라도 아무 상관없다. 또한 위치가 외져 있어도 문제되지 않는다. 심지어 동구 밖에 내어도 아무 상관없다. 전화로 주문 받아서 갖다 주면 되기 때문에 홍보만 잘 하면 되는 것이다.

허가를 낼 때에도 '간이 배달 전문점'으로 허가를 내면 된다. 참고로 간이 배달 전문점으로의 허가는 상대적으로 쉬울 것이다.

두 번째 장점은 오픈 운영비를 절감할 수 있다는 것이다. 위치 선정에서부터 비용을 줄일 수 있는 것은 물론, 손님들이 방문하는 매장 형태가 아니기 때문에 CK(중앙 부엌)을 차리는 비용 중심으로 마련하면 된다. 즉, 소자본으로도 시작할 수 있는 사업형태가 아닐 수 없다. 단, 저비용이라고 해도 위생과 청결에 대해서는 철저하게 관리해야 한다.

사실 손님들이 들어오는 매장을 운영할 경우, 초기부터 재정 창출에 대한 부담이 많아질 수밖에 없다. 넓은 공간에 대한 월세와 직원들의 월급을 감당해야 되기 때문에 오픈을 하는 순간부터 부담이 커지는 것이다. 그런데 케이터링은 그에 관한 부담과 위험요소를 줄일 수 있어 유리하다.

세 번째 장점은 영업을 활성화하기가 쉽다는 것이다. 이 말은 곧 시장성이 높다는 것을 의미한다. 일반적으로 음식점을 차리면 손님 한 사람 한 사람을 상대로 영업을 해야 한다. 내가 처음에 그러했던 것처럼 직접 나서서 전단지를 뿌려야 하는 경우도 있고 입소문이 날 때까지 오랜 시간을 기다려야 하는 경우도 있다. 그러나 케이터링은 한 번에 많은 손님을 모실 수 있다. 특정 행사나 연회를 준비하는 곳, 어떤 단체나 회사 등을 대상으로 영업을 할 경우, 한 번에 큰 단위로 거래가 이루어지는 것이다. 특히 일일이 사람들을 대상으로 영업하기보다, 케이터링를 필요로 하는 곳을 찾아다니면 되기 때문에 공략해야 할 대상이 조금 더 뚜렷하다. 그만큼 막막함이 줄어든다.

가령, 큰 빌딩 안에 있는 다양한 회사, 사무실을 다니면서 리더급을 만난 후 영업을 해 본다고 가정해 보자. 여러 직원들의 점심 식사를 매일 해결해주어야 하는 회사 및 사무실 입장에서 간편하고 질 높은 도시락 케이터링은 꽤 괜찮은 제안이 될 수 있다. 여기에다가 단체로 주문하면 10% DC를 해 주겠다는 등의 융통성 있는 제안 역시 좋은 영업 수단이 될 것이다.

혹은 오더맨이라고도 하는 영업맨을 따로 고용하여 이 부분을 전담하게 하는 방법도 있다. 점심 시간 전인 11시 정도 전까지 오더를 받아오게 한 후, 받아온 오더를 중심으로 영업 실적 인센티브를 주는 것이다. 그러면 영업맨도 보다 적극적으로 활약할 수 있고 수익이나 운영 전반에 도움이 될 수 있다.

이러한 방식 등을 동원하여 6개월에서 1년 정도만 최선을 다하면, 부엌에 그쳤던 케이터링 매장이 공장을 차려야 할 정도로 커질 수도 있다. 특히 본죽의 경우, 소스를 다 보내주기 때문에 완벽한 맛을 구현해내기가 쉽다. 그만큼 일단 한번 접하게 되면 그 자체의 퀄리티 덕에 지속적으로 찾게 된다.

네 번째 장점은 가맹 사업을 확장할 수 있는 가능성이 높다는 것이다. 처음에는 하나의 매장을 중심으로 운영이 되겠지만 반응이 좋아지고 입소문이 나면 자연스럽게 가맹으로 확장시킬 수 있다. 뿐만 아니라, 프랜차이즈 안에서 다양한 브랜드를 보유하고 있을 경우에도 그 안에서 케이터링으로의 결합을 통해 확장이 가능하다. 본죽의 경우도, 다양한 브랜드로 확장을 해왔고 이 브랜드들이 다시 케이터링과 결합될 수 있는 가능성을 가지고 있다. 현재까지 결합된 것만이 아니라, 앞으로도 다양한 확장과 연계가 될 수 있는 것이다. 그만큼 손님들을 찾아가는 서비스로서의 케이터링은 기존에 손님을 오게 했던 서비스와 충분히 연결되어, 손님들의 다양한 니즈를 충족시켜줄 수 있다.

다섯 번째 장점은 물류 유통 사업으로의 연계 역시 가능하다는 사실이다. 케이터링은 다양한 유통 구조를 끼고 진행되는 만큼 자리가 잡히고 자본이 형성되면 아예 독자적으로 물류를 관리하고 유통할 수 있다. 그만큼 새로운 수익구조를 창출해낼 수 있다.

BM 케이터링 사업

개 념

1 자급 능력 있는 고객에게 조리되어 있는 음식을 제공하는 것

2 특정 장소에 출장 음식 서비스

배 경	필요성
한류 드라마 K-pop	B M 매 장 보 완
한식에 대한 관심	
건강한 한식 이미지	위 치 . 접 근 성
본죽의 브랜드 파워	
밥 과 복 음	수 입 구 조

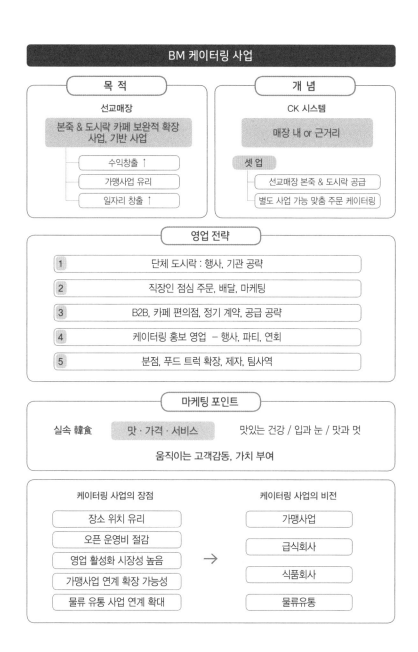

BM 케이터링 사업

목 적

선교매장

본죽 & 도시락 카페 보완적 확장 사업, 기반 사업

- 수익창출 ↑
- 가맹사업 유리
- 일자리 창출 ↑

개 념

CK 시스템

매장 내 or 근거리

셋 업
- 선교매장 본죽 & 도시락 공급
- 별도 사업 가능 맞춤 주문 케이터링

영업 전략

1. 단체 도시락 : 행사, 기관 공략
2. 직장인 점심 주문, 배달, 마케팅
3. B2B, 카페 편의점, 정기 계약, 공급 공략
4. 케이터링 홍보 영업 – 행사, 파티, 연회
5. 분점, 푸드 트럭 확장, 제자, 팀사역

마케팅 포인트

실속 **韓食** **맛 · 가격 · 서비스** 맛있는 건강 / 입과 눈 / 맛과 멋

움직이는 고객감동, 가치 부여

케이터링 사업의 장점	케이터링 사업의 비전
장소 위치 유리	가맹사업
오픈 운영비 절감	급식회사
영업 활성화 시장성 높음	식품회사
가맹사업 연계 확장 가능성	물류유통
물류 유통 사업 연계 확대	

→

케이터링의 다양성과 맞춤식 운영

보통 케이터링은 프라이빗 파티 세러모니, 각종 기념 행사를 비롯하여 세미나, 소모임, 오픈 프로모션, 연회, 홈파티 등에서 다양하게 활용될 수 있다. 특히 컨셉에 따라 뷔페 케이터링, 핑거푸드 케이터링, 커피 케이터링(브런치, 디저트), 박스 케이터링, 단체 도시락 등 다양하게 세분화될 수 있는데 본죽의 케이터링 역시 이러한 다양성을 확보하고 있다.

가령 각광을 받고 있는 분야 중 하나인 핑거푸트 케이터링을 예로 들면 다음과 같다. 핑거푸트 케이터링이란 작은 리셉션이나 세미나 장소 중간 중간에 자유롭게 먹을 수 있도록 보기 좋고 먹기 좋게 세팅해 놓는 것이라고 할 수 있는데, 본죽의 경우에는 한 사람당 3000원에서 5000원, 혹은 10000원 등, 정해주는 대로 메뉴를 구성한다. 그만큼 제공 방식이 획일적으로 정해져 있는 것이 아니라 맞춤식으로 조절을 하는 것이다. 가령 생일 케이터링을 의뢰받았을 경우에, 생일 케이터링으로 A, B, C, D 안이 준비되어 있는데 그중에서 고를 수 있게 한 후 그 안에서 다시 또 메뉴를 조정할 수 있게 한다. 그만큼 자유와 자발성을 자연스럽게 발휘할 수 있다. 물론 해외 현지마다 구성방식은 다를 것이다. 메뉴는 물론, 문화에 적합하게끔 선택 영역이 마련되어야 하기 때문이다.

또한 제공 방식 역시 요구 사항에 맞추면 되는데, 음식 제공까지만 요구하면 음식만 전해주면 되고 서빙까지 필요할 경우 서빙 지원까지 제공해 주면 된다. 곧 주문 받을 때 이 부분에 대해 정확하게 전달을 받은 후 진행하면 된다. 이는 마치 본죽을 제공할 때, 반을 나누어 담든지 소금을 빼든지 등의 추가 주문을 하는 것과 비슷하다. 맞춤식으로 고객의 입맛과 상황에 맞게 죽을 끓여주듯, 케이터링에서 역시 규모나 행사 컨셉에 맞게 주문할 수 있는 것이다. 이를 위해 미리 메뉴판도 공개하게 된다.

이처럼 다른 케이터링 회사의 경우에는 뷔페 케이터링이 메인이기 때문에 그냥 20,000원짜리, 30,000원짜리, 혹은 몇 인분인지를 중심으로 주문이 진행될 때가 많다. 그러나 여기서는 조금 더 세분화해서 매장 메뉴판을 만들고 여기에서 다시 손님들이 선택할 수 있게 하여 자기가 원하는 케이터링을 제공받을 수 있다. 이러한 맞춤 케이터링 형태를 지향하는 것은 곧 소비자들의 니즈를 최대한 반영하겠다는 뜻이자 차별화 방안이기도 하다.

특히 최대한 손님들의 니즈에 맞추는 것은 클레임이 걸리고 반품이 나오는 것을 막는 가장 좋은 방법이 될 수 있다. 취향이나 요구 사항을 묻지 않고 일방적으로 음식을 제공하면, 아무리 그 음식 자체의 질이 우수해도 고객의 상황에 따라 예기치 못한 엉뚱한 반응이 나올 수 있다. 그러므로 번거롭다고 생각하지 말고 고객 클레임을 줄이는 것 역시 매우 중요하다는 생각으로 철저하게 니즈를 파악하고 선택권을 갖게 해주어야 한다.

무엇보다 이러한 방식은 소비자 중심으로 운영하겠다는 것을 보여주는 것이다. 가령 어떤 파티에 케이터링을 제공할 때, 어린이들이 어느 정도 있는지를 파악한 후 그에 맞게 가격을 다시 산정하는 일이 필요하다. 상대적으로 어른보다 더 적게 먹는데 똑같이 받는 것은 형평성에 맞지 않기 때문이다. 이처럼 당장 수익에 불리해보일지라도 철저히 소비자 중심으로 계산하고 실행해야 한다. 그리고 이를 위해서는 커뮤니케이션의 노력이 필요하다. 누가 먹을 것인지, 연령대가 어떻게 되는 지 등을 물어본 후에 가격을 더 낮춰주는 것, 이것이 우리가 소비자를 배려할 수 있는 작은 노력 중의 하나가 될 수 있는 것이다. 이런 노력은 장기적으로 우리의 케이터링 가치를 높일 수 있는 방법이기도 하다.

이처럼 맛에 대한 요소뿐만이 아니라 예산적인 면에서도 만족을 제공할 수 있어야 한다. 기존의 가격이 아닌 자신이 원하는 예산에 맞게 이용할 수 있기 때문에 손님들은 이후로도 지속적으로 해당 케이터링을 이용할 수밖에 없을 것이고 스스로 충성고객이 되어 홍보를 돕게 될 것이다.

또한 박스 케이터링 역시 차별화할 수 있는 종류 중 하나인데, 이것은 실속형 케이터링이라는 점에서 보다 효과적이다. 박스 케이터링은 말 그대로 박스에 담아 배송해주는 것인데 단체 도시락을 낱개로 포장하는 것이 아니라 대량으로 포장했다는 점에서 편리함을 드러낸다. 무엇보다 포장 용기 값이 절약되므로 판매 가격도 크게 낮출 수 있다. 가령 화장품을 판매할 때, 케이스나 포장비용을 없애고 싸게 파는 형태가 있듯, 박스 케이터링도 포장 요소가 뺀 채 맛과 질로만 승부할 수 있는 것이다. 또한 음식의 맛과 질은 유지되는데 본인이 직접 가져가는 방식 등을 통해 또 다른 방식으로 가격을 절약할 수 있다. 곧 딜리버리나 서빙의 가격이 들지 않기 때문에 음식 그 자체에만 집중한 가격을 받게 되는 것이다.

박스 케이터링과는 반대로 외적인 요소에 공을 들이는 방식의 케이터링도 있다. 아예 연회를 의뢰받는 경우라고 볼 수 있는데, 이때는 음식을 제공하는 것뿐만이 아니라 데코까지 다 제공한다. 꽃 장식은 물론, 테이블보도 다 깔고 그릇까지 다 서빙해 준다. 서빙팀, 서비스맨까지 연회를 위해 투입이 되는 것이다. 이처럼 연회 자체가 음식만이 아닌 전제적인 분위기와 서비스를 중시하기 때문에 여기서는 박스 케이터링과 반대로 음식만이 아닌 외적인 요소에도 공을 들이게 된다.

BM 케이터링 사업	
종류 / 컨셉	**고객 (Needs 타겟)**
부페 케이터링	프라이빗 파티 세러모니
핑거푸드 케이터링	각종 기념행사
커피 케이터링 (브런치, 디저트)	세미나
박스 케이터링	소모임
단체 도시락	오픈 프로모션
	연회
	홈파티

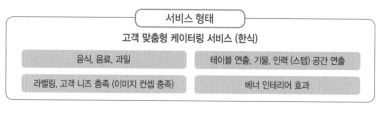

BM 케이터링 사업	
서비스 형태	
고객 맞춤형 케이터링 서비스 (한식)	
음식, 음료, 과일	테이블 연출, 기물, 인력 (스텝) 공간 연출
라벨링, 고객 니즈 충족 (이미지 컨셉 충족)	베너 인테리어 효과

케이터링 사역 접목_ 밥과 복음	
구 제	**선 교**
일터교회 (예배 & 성경공부 & QT)	일자리 창출, 기회 제공
제자와 복음화	음식 직업 교육
분점 확장을 통한 선교 확대	섬김사역 적용 (음식섬김)
지역친화적 관계선교 (인도)	빈곤아이들 양육사업

케이터링 셋업 절차

케이터링을 셋업하는 방법은 크게 어렵지 않다. 여느 사업에서와 마찬가지로 먼저 해야 할 것은 시장 리서치인데, 리서치는 따로 형태가 정해진 것은 없다. 최대한 다양한 방법으로 시장조사를 하고 벤치마킹을 하면 된다. 현지에서는 어떻게 케이터링을 하는지, 그 나라의 업체들의 동향은 어떠한지 살펴보는 것은 물론 직접 주문하여 먹어보고 전화로 리서

본죽의 비즈니스 미션 **성경적 가치 경영**

치하는 것에 전력을 쏟아야 한다. 많이 하는 만큼 차별화된 것을 발견할 수 있고 현지의 상황을 제대로 파악할 수 있기 때문이다.

다음으로 장소를 선정해야 하는데 케이터링의 경우, 비교적 카페나 일반 식당보다 내부가 심플하다. 불 몇 개에 냉장고와 작업대, 큰 조리기구, 이런 것만 갖춰져 있어도 오픈이 가능하기 때문에, 오픈 비용이 매우 저렴한 것이다.

이와 더불어 케이터링 메뉴 구성을 해야 하는데 기본 메뉴에 현지화 전략의 차원에서 현지 메뉴를 더하여 구성해야 한다. 물론 처음부터 완벽하게 완성을 시킬 수는 없다. 따라서 조금 큰 그림을 그리는 차원에서 이미 구성된 메뉴를 중심으로 메뉴 분석을 해나가면 된다. '이 정도는 현지에는 이런 메뉴를 팔아볼 수 있겠다.'라는 생각이 들 수 있게끔 다각도에서 고민해 보면 된다.

또한 조력자들이 필요한데 부부가 함께 운영하기로 한 경우도 있고 조력자가 따로 있는 경우도 있다. 어떤 방식이든, 최소 두세 명으로 시작하는 것이 좋다. 아마 사람을 구하는 것 자체가 크게 어렵지는 않을 것이다. 그 이유는 음식을 잘하는 사람을 구할 필요가 없기 때문이다. 이미 레시피가 나와 있기 때문에 깔끔하면서 손이 빠른 사람을 구하면 된다. 참고로 주방 관리에 있어 위생과 청결은 매우 중요한 문제인데, 케이터링은 더욱 각별히 신경 써야 한다. 매장 안에서 식사하지 않는다는 이유로 아무도 안 본다며 위생을 소홀히 해서는 안 되는 것이다. 하나님이 항상 지켜보신다는 생각으로, 깔끔한 요리로 깔끔한 음식을 만들어야 한다. 그런 차원에서 우리 기업은 위생교육을 철저하게 시키고 있으며 그만큼 위생과 청결에 대한 신뢰가 매우 높다.

참고로 조력자로서 필요한 사람은 케이터러와 푸드스타일리스트인데, 케이터링 디렉터라고도 불리는 케이터러는 말 그대로 관리를 한다. 또한 푸드스타일리스트는 음식 만드는 모양이나 데코나 이런 거하는 사람들인데, 이런 인력도 함께하면 좋다.

우리의 경우 사모님들이 주로 이 부분을 배우시는데 크게 어렵지 않다. 가령 카나페 만든다고 하면, 사진도 찍어간 후 그대로 따라 하면 된다. 그럼에도 더 배워야 할 것 같으면 조금 더 교육을 받으면 되고 시중에 나와 있는 책들을 참고해도 된다.

이어서 운영기획을 할 때에는 포스시스템을 비롯한 매출 시스템 관리가 필요한데 이 부분은 실무자들의 교육을 통해 주로 진행된다.

한편, 이 모든 내용이 매뉴얼, 즉 케이터링 매뉴얼로도 작성되어야 한다. 프로세스화해야 주문이 들어왔을 때, 최소한 이 틀에서 파악을 하여 맞춤 서비스를 준비할 수 있어야 하는 것이다.

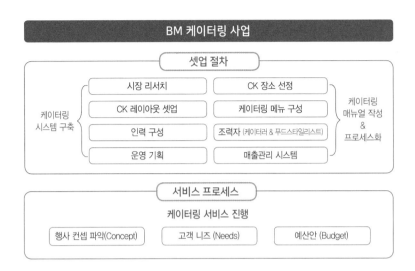

Part 3

비즈니스 선교,
이렇게 하면 된다

- BM매장을 이끌어가는 원리와 방식에 대하여

여기서는 앞서 다룬 비즈니스 선교의 가치를 중심으로 현장에서 어떻게 세워지고 진행할 수 있는지를 정리하고 있다. 특히 매뉴얼과 절차 등도 빠짐없이 공개하고 있다.

이제 Part 3에서 전격 공개 되는 구체적인 운영 방법과 매뉴얼을 통해 왕이 주인이 되신 기업을 어떻게 운영해 나가야 할지를 고민해 보도록 하자. 청지기인 우리에게 맡겨주신 하나의 기업이 선교적 기업으로 나아가기 위해 어떤 과정을 거쳐야 하는지, 그 과정들 하나하나에 집중해 보도록 하자.

프랜차이즈로의 확장,
이것은 선교 사역의 넓혀가기 위한
하나님의 전략이었다

그 기회를 허락하신
하나님의 의도를 우리는 늘 생각한다

더 넓혀 가시는 하나님의 뜻이
어디에 있는지를 늘 묵상한다

Chapter 1.

하나님께서
확장해 주시는
BM매장

BM매장의 현황

2016년 12월부터 시작된 BM매장은 2019년 9월말 기준 우크라이나(키예프) 매장을 시작으로 필리핀(다바오), 브라질(쌍파울로1,2호점), 체코(프라하), 루마니아(브라쇼브), 일본(치바), 멕시코(께레따로) 등 전세계 31개 매장이 세워졌으며 추가로 오픈을 앞둔 매장들도 있다. 이와 같이 BM매장은 아프리카와 오세아니아를 제외한 아시아, 아메리카, 유럽 등지에서 운영되고 있는데, 아프리카는 통관, 물류 부분이 까다로워 방법을 모색 중이다. 그러나 그런 지역에서도 선교사들의 상담은 계속 이어져 왔다.

이와 같이 해외 일반 매장이 4개국 22개 매장에서 운영 중인 것을 고려할 때(2019년 9월 기준) BM매장의 성장속도는 놀랍도록 빠른 것이다

(참고로 해외에 세워진 일반 매장의 분포를 살펴보면 중국의 경우 연길, 훈춘, 용정, 위해, 쿤산, 천진, 무한, 상해 등에 세워져있고 미국의 경우에는 뉴저지, 캘리포니아, 조지아, 뉴욕에 세워져 있다. 그리고 일본에는 동경, 베트남에는 하노이에 세워져 있다).

현재 BM매장은 BM1(본죽&도시락카페), BM2(본죽&브런치카페), BM3(본죽 Food Truck), 세 가지 형태로 나뉘어진다. 또한 기본적인 메뉴는 한식의 7대 메뉴라고 할 수 있는 비빔밥, 죽, 불고기, 김밥, 떡볶이, 전, 잡채를 중심으로 제공되며 여기서 현지의 특성에 따라 메뉴가 더 확장되는데 표준메뉴로 준비한 45가지의 메뉴외에, 한식 7대메뉴 및 사이드 메뉴를 중심으로 추가적인 다양한 메뉴가 준비되어 있으며, 이 안에서 지역 특성에 맞는 메뉴를 선택하여 운영할 수 있다. 도시락의 경우에도 한식을 기본으로 하며, 30여 가지 도시락으로 구성되어 있다.

한편 케이터링 시스템이 BM매장을 중심으로 운영 중인데 케이터링은 그야말로 선교지, 선교사들의 상황에 가장 적합하면서도 효율적인 사업이 아닐 수 없다.

또한 기본적인 메뉴 외에도 현지 메뉴가 추가될 수 있는데 현지 음식은 10% 가량의 비율로 본사와 협의하여 구성할 수 있는데, 현지의 식자재 가격과 종류에 따라 다양하게 적용 가능하다.

BM매장이 성공적으로 오픈되게 하게 위새서 본사가 가지고 있는 시스템과 노하우를 활용하여 브랜드 지원, 교육을 통한 노하우 지원 등을 진행하고 있는데, 세부적인 내용은 본월드미션 홈페이지(bonmission.or.kr)를 통하여 확인할 수 있다.

본죽 선교매장 (BM/DM) 현황

일반 매장 (22)

중국 (13) : 연길점, 훈춘점, 용정점
　　　　　위해 (1호점, 문등점, 3호점)
　　　　　쿤산점, 천진점, 무한점
　　　　　동강, 장춘, 청도, 상해 (푸동공항)

미국 (7) : 뉴저지 (뉴저지점, 포트리점)
　　　　　캘리포니아 (월서점, 플러튼점, 로렌하이츠점)
　　　　　조지아 (아틀란타점), 뉴욕점
일　　본 : 동경 MF (신오오쿠보점)
베 트 남 : 하노이점

BM 매장 (31)

M1국 : A지역(1~6호점) B지역(1~4호점)
캄보디아 : 깜뽕톰, 씨엔립, 프롬펜
M3국 : A, B 지역
L국 : A 지역
일본 : 이치하라
필리핀 : 다바오
멕시코 : 께레따로

체코 : 프라하
V국 : A, B, C 지역
브라질 : 쌍파울로
루마니아 : 브라쇼브
우크라이나 : 키예프
W국 : A 지역
M2국 : A 지역
I 국 : M 지역

BM매장 오픈 안내

메뉴 구성

기본메뉴 (45종)	한식 7대 대표메뉴 '비빔밥, 죽, 불고기, 김밥, 떡볶이, 전, 잡채' 그리고 사이드 메뉴 "탕, 튀김, 찜, 덮밥 볶음 등" 다양한 메뉴를 구성할 수 있다
선택메뉴 (1~5종)	본사 제공 메뉴 리스트 혹은 본사승인 후 현지식 추가 가능
케이터링 메뉴	10~100인분 이상까지 가능 단체 배달, 한식 출장부페

BM매장 종류

매장종류	BM 1 (본죽&도시락카페)	BM 2 (본죽 브런치 Café)	BM 3 (본죽 Food Truck)
브랜드 및 교육 등 지원	세부사항 본월드미션 홈페이지(bonmission.or.kr) 참조 ※ 지원내용은 본사 사정에 따라 변경 될 수 있습니다.		

본죽의 비즈니스 미션 **성경적 가치 경영**

BM매장의 운영지침

BM매장은 선교, 섬김, 협력을 운영지침을 삼고 있는데 이 세 가지는 다음의 실천을 통해 구체화된다.

첫째, 선교 영역은 크게 음악, 방송, 문서, 예배로 나뉘는데 음악에서는 CCM 및 가스펠을 매개로, 방송은 미디어 및 다양한 영상을 매개로, 문서는 책, 전단, 신문을 매개로 이루어진다. 또한 예배에서는 주일예배를 기본으로 하되 제자양육을 통해 예배가 삶으로 이어지게 한다. 특히 이 모든 것들이 각 사람들이 예수님의 제자로서 쓰임 받는 것에 목표를 둘 수 있게 한다.

둘째, 섬김 영역은 크게 네 가지 활동으로 나뉘는데 그중 하나는 월 1회 직원들이 회식을 하면서 섬김의 장을 여는 것이다. 이것은 내부에서부터 섬김이 이루어져야 함을 강조하기 위한 것이라고 볼 수 있다. 다음으로 월 1회 이웃 섬김의 날을 만들어 지키는데 앞서 내부에서의 섬김이 강조되었다면 이것은 다시 외부에서의 섬김으로 이어지게 된다. 그리고 이것은 BM매장에서 빈곤아동 양육과 노숙자 섬김 활동으로 연결된다. 마지막으로 한글교실, 한식요리교실을 통해 교육과 음식문화의 보급하게 되는데 이것은 그야말로 기업의 홍보를 위해서가 아닌 섬김을 위해 이루어져야 할 일들이다.

셋째, 협력은 공유를 핵심으로 하는데, 가장 먼저 공유되어야 할 것은 매월 손익보고이다. 이것을 본사와 공유함으로써 투명한 가치창출을 이루어내고자 하는 것이다. 또한 매월 선교와 섬김활동을 다른 BM매장 및 본사와 공유하는 것 역시 중시한다. 즉, 모든 매장이 한 가족이며, 본사 역시 한 가족임을 인식하면서 경쟁체제가 아닌 협력관계를 이어나가는 것을 강조하고 있는 것이다.

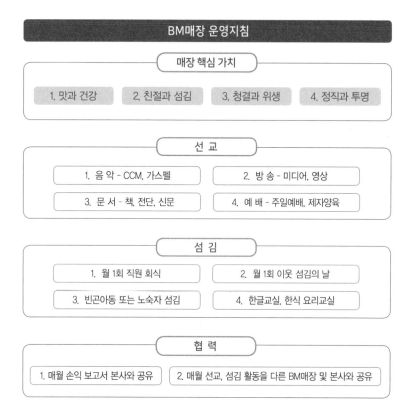

BM매장 운영지침

매장 핵심 가치

1. 맛과 건강   2. 친절과 섬김   3. 청결과 위생   4. 정직과 투명

선 교

1. 음 악 - CCM, 가스펠   2. 방 송 - 미디어, 영상

3. 문 서 - 책, 전단, 신문   4. 예 배 - 주일예배, 제자양육

섬 김

1. 월 1회 직원 회식   2. 월 1회 이웃 섬김의 날

3. 빈곤아동 또는 노숙자 섬김   4. 한글교실, 한식 요리교실

협 력

1. 매월 손익 보고서 본사와 공유   2. 매월 선교, 섬김 활동을 다른 BM매장 및 본사와 공유

본죽의 비즈니스 미션 **성경적 가치 경영**

Chapter 2

BM매장
오픈 프로세스

신청서 접수와 MOU

첫 번째로 신청서 접수를 하는 단계에서는 상담과 서류 준비가 주를 이룬다. 먼저 상담에 앞서 서류를 체크하게 되는데, 여기서 우선적으로 보는 것 중 하나는 선교사의 영성과 비즈니스 전문성이다. 이것은 사업이지만 동시에 선교이자 하나님의 사역이기 때문에 선교사의 영성이 기본으로 겸비한 상태여야 한다. 여기에 비즈니스 전문성이 추가되어야 하는데, 전문성이라고 해서 경영이나 비즈니스 분야에서 탁월한 경력이나 지식이 있어야 한다는 것이 아니다. 프로로서 정직하고 철저하게 운영하려는 마인드를 중심으로 전문성을 키워나갈 자세를 갖는 것, 이것이 무엇보다 중요하다.

또한 매장 오픈 목적을 체크하게 되는데 이것은 매장이 선교 사역의 핵심 기지로서 기능해야 하는 만큼 더없이 중요한 문제다. 곧 하나님이 우리에게 주신 비전과 일치하는지를 반드시 살펴야 한다.

그밖에 언어 수준과 지역에 대한 이해도와 전문성을 확인하게 되며, 해당 지역이 선교를 자유롭게 할 수 있는 BM매장으로도 가능한지, 아니면 보안이 필요한 D매장으로 오픈해야 하는지도 확인해야 한다.

서류를 체크한 후로는 담당자 상담과 상담을 토대로 다시 체크를 하게 되는데, 이때 매장 형태를 어떻게 할 것인지를 확인한 후 그에 맞게 상담을 하게 된다. 이어서 오픈 형태에 대한 세부사항을 논의하게 된다.

이런 과정을 거친 후, 최종적으로 비즈니스 사역 계획서를 제출하게 되는데 계획서는 세부적으로 BM매장 운영 계획안, BM매장 사역 계획안, BM매장 재정 계획안으로 나뉜다. 또한 이런 과정을 거친 후, 다음 단계로 MOU를 최종적으로 체결하게 된다.

오픈 프로세스 1단계
- Legal Preparation -

MOU가 공식적으로 체결되면 오픈을 위한 본격적인 준비에 들어가게 되는데 먼저 법적인 절차를 준수할 수 있어야 한다. 해외에 세워지는 매장인만큼 현지의 상황과 법적제도에 거슬림이 없도록 주의하는 것이 기반이 되어야 하는 것이다.

법적으로 검토해야 할 부분을 구체적으로 살펴보면 다음과 같다. 먼저 현지에서 선교사가 매장을 오픈할 경우 어떤 조건을 갖추어야 하는지를 살펴야 한다. 이것은 나라와 지역에 따라 상이할 수 있으므로 세심한 검토와 확인이 필요하다. 이어서 수입자 선정 등, 법인 설립을 위한 준비 및 그 밖에 매장 오픈을 위한 법적인 절차를 파악해야 한다.

이와 더불어 매장 오픈을 위한 기본적인 법적 조건을 확인하고 그 절차를 밟아가는 동안 매장 자체의 조건 역시 파악할 수 있어야 한다. 그 지역 내에서 식당들이 위치하는 곳이 어디인지, 상권과 주변 환경이 전반적으로 어떠한지 등을 먼저 알아보아야 하고 임대료도 체크해야 한다. 참고로 이때는 보통 5년 이내로 임대하는 것을 기준으로 하여 알아보게 된다. 그리고 이런 과정들을 거치게 되면 진행 및 승인(SAUCE CERTIFICATION) 절차에 들어가게 된다.

한편 법적인 부분, 환경적인 부분에 대한 체크가 끝나면 현지 식자재 조사에 들어가야 하며 카페의 경우 커피머신을 비롯한 주변기기를 알아보아야 한다. 그밖에 주방에 보유해야 할 부분을 체크한 후 견적을 내야 하는데 가스, 상하수도, 천장, 후드, 전기, 바닥 등 꼼꼼하게 체크해야 한다. 또한 벽, 천장, 바닥, 정문, 간판, 의자, 책상, 포스 등과 같은 전반적인 인테리어 역시 꼼꼼히 체크한 후 견적을 내야 한다.

앞에서 다루었지만 우리는 처음 미국에 진출하여 승승장구할 것이라고 기대하던 중, 후드가 조건에 맞지 않다는 이유로 갑작스럽게 영업을 중단했던 적이 있다. 그런 경험들이 당시에는 당황스러웠지만 오히려 하나님은 그런 것들을 통해 보다 세심한 관리와 체크를 이어갈 수 있도록 인도해주셨다.

견적이 최종적으로 나오면 본격적으로 들어갈 재정을 정리하고 어떻게 충당할 것인지에 대한 계획을 세워야 한다. 물론 이 부분에서 가장 막막한 감이 있겠지만 하나님의 인도하심 속에 이루어지고 있는 오픈이라면 분명히 도우심이 있을 것이다.

오픈 프로세스 2단계
- Foundation Work -

오픈을 위한 다음 단계로, 1차 본사 교육이 이루어진다. CEO 과정으로 4주 동안 성경적 가치 경영 및 섬김 경영, 조리, 케이터링, 매장 교육을 받게 되며 그밖에 CEO Mission 강의와 위생, 안전, 재무 등에 대한 전반적인 부분을 배우게 된다.

한편 지난 단계에서 인테리어에 대한 체크가 완료되었다면 여기서는 물품에 대한 준비가 이어진다. 먼저 현지 주방 기자재를 조사하고 필요한 국내 물품을 배송하는 등, 매장, 특히 주방에 구비해야 할 비품들을 최종적으로 파악하게 된다. 그밖에 BM매장 계약서를 작성하고 매장에 부착해야 할 사항들(메뉴, 안전, 관리 등)을 준비하게 된다.

이후부터는 계획과 점검을 토대로 본격적인 공사에 들어가게 된다. 먼저 주방 공사를 실시하고 이어서 인테리어 공사를 하게 되며, 계획한 대로 의자, 책상, TV, 오디오 등의 집기와 물품, 그리고 주방 기자재와 액자 등을 구입하게 된다. 또한 매장에 부착하게 될 설립이념 이미지 등은 본사에서 배송하게 된다. 그리고 간판을 설치하게 된다.

오픈 프로세스 3단계
- Completion -

이 단계에서는 공사에 대한 보완과 최종 점검이 이루어진다. 주방 공사가 제대로 이루어졌는지 살핀 후 필요에 따라 보완이 이루어지고 인테리어와 관련해서도 필요 부분을 추가로 해결해 나가게 된다.

다음으로 2단계에서 실시되었던 본사 교육에 이어 현장 체크가 시행되는데, 이것은 최종점검이라고 할 수 있다. 장소는 해당 매장이며 기간은 2일 가량이 소요된다. 이때는 교육 받은 대로 레시피에 맞게 현지의 재료를 사용하여 음식을 만들고 본죽 본연의 맛을 내는 것과 안전 및 위생을 교육대로 실시하고 있는지 점검한다. 더불어 선교매장으로서의 기능을 올바로 담당할 수 있도록 일터교회로서의 사명과 경영이념에 대한 비전을 나눈다.

이어서 추가적으로 필요한 물품 등을 파악한 후 보완하게 되며 틈틈이 오픈 예배를 준비하게 된다(초청자 선정 및 세팅, 음식 등을 위주로 계획한다).

끝으로 최종 점검을 한 후 오픈 예배를 드리게 되는데, 이 예배를 통해 본격적으로 BM매장의 사역이 시작된다.

BM매장 OPEN PROCESS

First stage / 신청서 접수 / 상담

항목	상담	지원서 접수	이사장님과 실무자들체크	결과 나눔
상담	BM 매장(일터 교회) 목적과 취지 설명 / 본월드미션 지원 범위 / 선교사님들 준비 사항 안내 / 선교사님들의 BM 매장 동기 나눔	선교사의 영성과 비즈니스 전문성 / 매장 오픈 목적 / 나이 및 운영 멤버 / 언어 및 지역적 전문성	매장 형태 결정 (본죽&도시락 카페, 본죽보반찬 카페, FOOD TRUCK) / 인원, 효용, 취소 결정	진행, 보류, 취소 전달 / 재심달

Second stage / MOU / MOU 체결

Third stage

항목	매장 오픈 조건	SAUCE CERTIFICATION	현지 조사	재정 준비	TERM
1단계 Legal preparation	현지 오픈 조건 조사 / 법인 설립 / 노동 비자 발급 / 매장 임대 / (기존 식당 자리, 상권 및 주변 환경 분석, 임대료 체크 및 임대) / 기간(3~5년)	SAUCE CERTIFICATION / 등록 및 승인	식재료 종류와 가격 / 주방설비 및 견적 (가스, 상하수도, 천정, 후두, 전기, 바닥) / 인테리어 제도 및 견적 (벽, 천정, 바닥, 정문, 간판, 의자, 책상, POS)	선교사 재정 산출 및 충당	2개월

항목	교육	물품 배송	재정 지원	번역	제작
2단계 Foundation work	1차 본사 교육 / 장소: 본월드미션 / 기간: 4주 / 내용: 본죽 비즈니스 미션 초기 및 매장 운영 교육	현지 주방 기자재 소싱 / 초도 물량 체크 리스트 준비 / 초도 물품 배송	$10,000(or 천만원 송금) / 국내 물품 구입 금액 (집품, 식기류, 유니폼, 묘자, 안전화, 앞치마)	영상 지원 / 설립이념 / 이미지보드 / 메뉴 / 주방 부착물(메뉴, 안전, 관리)	원가 계산 / 메뉴 / 이미지보드

계약	주방 및 인테리어 준비	공사 시작	물품 구입	인테리어 공사
Construction				
1. BM 매장 임대 계약 / 2. 본월드미션과 계약	1. BM매장 도면 및 사인 인쇄 / 2. 주방 및 인테리어 구상 및 인쇄 / 및 인쇄	주방 공사 시작 / 인테리어 공사	의자, 책상, TV, 오디오 구입 / 주방 기자재 구입 / 책장 주방	간판 설치 / 인테리어 보완

공사 진행 시행에 따른 지원금 10,000,000원 개별 지급

최종 점검	현장 방문	물품	예배 준비	TERM
3단계 Completion				1개월
OPEN 팀 총출로로 점검, 인테리어, 조리 점검	장소: BM·매장 / 기간: 1~2일 / 내용: 레시피 교육 및 매뉴 현지화 / 안전 및 위생 교육, 일터교회 및 경영이념	식기류 구매 / 추가 물품 구매 / 체크 리스트에 따른 최종 오픈 보완	예배 시간 및 순서 정하기 / 예배 초청자 선정 및 초대 / 예배 세팅 및 음식 준비	

Inspection	최종 점검 및 오픈 예배 준비

Fourth stage / OPEN 예배

Praise God

본죽의 비즈니스 미션 **성경적 가치 경영**

Chapter 3.

프랜차이즈 관련
매뉴얼

앞서 BM매장의 운영방식 오픈 프로세스에 대해 살펴본 것에 이어, 여기서는 프랜차이즈 창업과 가맹을 위한 노하우들에 대해 살펴볼 것이다. 그런데 여기서는 일반적인 프랜차이즈에 대한 내용을 넘어, 비즈니스 미션을 감당할 프랜차이즈로서 알아야 할 기본 사항들을 다루게 된다.

먼저 본죽 프랜차이즈의 특성에 대해 나누기에 앞서, 프랜차이즈(Franchise)의 개념에 대해 설명해둘 필요가 있겠다. 프랜차이즈란, 상호, 특허상품, 기술 등을 보유한 제조업자나 판매업자가 소매점과 계약을 통해 상표사용권, 제품의 판매권, 기술 등을 제공하고 대가를 받는 시스템을 말한다. 여기서 두 대상이 등장하는데 하나는 '본사'에 해당하는 프랜차이저(Franchiser)고 또 하나는 '가맹점'에 해당하는 프랜차이지(Franchisee)다. 여기서 본사인 프랜차이저는 기술을 프랜차이지에게 전수하게 되며 본사와 가맹점이 협력하는 구조 속에서 계약이 이루어짐과 동시에 본사는 가맹점을 관리하게 된다. 한편 프랜차이즈의 장점이자 특성 중 하나는 대자본이 투입되는 사업이 아니라, 소규모 자본만으로도 사업을 운영할 수 있는 첨단 마케팅의 하나라는 사실이다.

본죽 역시 국내 외식업 대표 프랜차이즈다. 사실 대학로 후미진 곳에 처음 매장을 열 때만 해도 프랜차이즈로서의 비전은 꿈도 꾸지 않았지만 하나님은 우리가 계획하지 않은 놀라운 일들을 열어주셨고 프랜차이즈 기업으로 나아가게 하셨다. 이 모든 계획과 과정 하나하나가 감사한 일이 며 은혜인 만큼 우리는 하나님의 의도를 저버려서는 안 된다. 프랜차이즈 로 나아가게 하신 그 이유와 본분에 대해 잊어버려서는 안 되는 것이다.

하나님이 우리에게 이런 기회를 허락하신 것은 단순히 확장해서 수익 을 올리라는 것이 아니다. 프랜차이즈라는 확장 구조 자체가 선교 사역을 감당할 도구가 될 수 있기 때문에 우리에게 이를 허락하신 것이다.

프랜차이즈 개념 이해

프랜차이즈 Franchise

- 상호, 특허상품, 기술 등을 보유한 제조 업자나 판매 업자가 소매점과 계약을 통해 상표 사용권, 제품의 판매권, 기술 등을 제공하고 대가를 받는 시스템이다.

프랜차이저 (본사, Franchiser)	기술	프랜차이지 (가맹점, Franchisee)

- 프랜차이즈는 본사와 가맹점이 협력하는 형태를 가지고 계약조건 안에 간섭이 성립된다. 프랜차이즈는 대자본이 투입되는 사업이 아니라 소규모 자본만으로 사업을 운영할 수 있고 오늘날 각광받는 첨단 마케팅의 하나다 (시사상식 사전).

본죽의 비즈니스 미션 **성경적 가치 경영**

오늘날 본죽은 먼저 국내에서는 본아이에프로, 해외에서는 본월드로 프랜차이즈를 열어가고 있다. 이제 본죽의 사례에 기반한 프랜차이즈 비즈니스 사업 매뉴얼을 공유해 보도록 하겠다.

가맹사업을 위한 기획

먼저 가맹사업 기획 전반에 대한 과정을 다루도록 하겠다. 이것은 프랜차이즈화 되기 위한 과정을 체계화하여 제시한 것이라 볼 수 있다.

먼저 브랜딩 단계를 거쳐야 하는데 이때 브랜드화한 아이템을 개발하게 되고 이것을 가지고 모델이 되는 점포를 오픈하게 된다. 그리고 오픈한 점포가 성공적으로 운영되는 지를 면밀히 살피게 된다.

다음으로 이 점포가 6개월 이상 성공을 하게 되면 점포 운영에 대한 노하우를 정리하게 된다. 이때는 체계적인 매뉴얼화 작업이 필요하다. 그렇게 해야 막연한 짐작에 근거한 분석 및 적용을 피할 수 있다. 또한 수익구조도 분석해야 하는데 이때 역시 철저한 데이터에 근거해야 하며, 데이터화하여 표현해내야 한다.

이런 단계까지 마무리 되면 구체적인 오픈 운영을 위한 전반적인 프로세스를 완성해야 하며, 오픈을 위해 필요한 예산안을 마련해야 한다. 또한 운영비에 대한 표준화 작업도 실시해야 한다. 그리고 마지막으로는 공식적인 자료로 제공되기 위한 체계적인 정리 작업이 이루어져야 한다.

가맹사업 매뉴얼 – 가맹사업 기획
8 공개 자료화
7 오픈 예산안 및 운영비 표준화
6 오픈 운영 프로세스 완성
5 수익구조 분석 (데이터화)
4 점포 운영 노하우 축적 (매뉴얼화)
3 6개월 이상 성공사례
2 브랜딩한 아이템의 모델 점포 오픈
1 브랜딩 - 브랜드화 아이템 개발

프랜차이즈 형태에 따른
브랜드 선택

브랜드를 선택하는 방법은 크게 세 가지라고 볼 수 있다.

첫째는 개인 브랜드 메이킹인데 이것은 곧 개인의 아이템을 브랜드화하는 것이다. 본죽의 경우, 죽이라는 아이템을 가지고 브랜드화를 하여 본격적으로 사업을 시작하게 되었다.

둘째는 프랜차이즈 가맹점을 도입하는 것인데, 이것은 브랜드를 가맹화하는 것이다. 이에 따라 본죽 역시 프랜차이즈 가맹점을 열게 되었다.

셋째는 라이선스 도입인데 다른 브랜드 라이선스를 계약하게 된다. 가령 본죽 & 도시락 BM매장과 BM컴퍼니의 경우가 라이선스 도입으로 출발하게 되었다고 볼 수 있다.

가맹사업 매뉴얼		
	브랜드 선택	
2 프랜차이즈의 형태		
1 개인 브랜드 메이킹	개인의 아이템 브랜드화	본 죽
2 프랜차이즈 가맹점 도입	타 브랜드의 가맹화	본죽 프랜차이즈 가맹점
3 라이선스 도입	타브랜드 라이선스 계약	본죽 & 도시락 선교매장 / 컴퍼니

가맹점 창업을 위한 준비

프랜차이즈화를 위한 기본적인 자료가 마련되었다면 이제 본격적으로 창업자들을 모집한 상담과 계약을 진행하게 된다. 사실 이 부분이 가장 막막하면서도 어려운 부분일 수 있을 것이다. 아무리 아이템이 훌륭해도 프랜차이즈가 확장되려면 결국에는 창업자들이 모여야 하기 때문이다.

물론 본죽의 경우에는 처음부터 프랜차이즈화하려고 시작된 기업이 아니고 하나님께서 선물로 확장할 수 있는 기회를 주셔서 여기까지 온 것이다. 그럼에도 불구하고 하나님은 프랜차이즈가 확장되는 과정에서 안전한 창업을 도울 수 있는 노하우들을 알게 하셨고 교육할 수 있도록 장을 마련해 주셨다.

창업자 모집

창업자를 모집하는 방법에는 크게 세 가지가 있는데 설명회, 박람회, 각종 미디어가 그 창구가 될 수 있다. 물론 따로 홍보를 하지 않았음에도 입소문으로 창업 문의를 하는 경우도 있겠지만 일반적으로는 다음과 같은 방법이 제시된다.

먼저 설명회의 경우에는, 본사 내부의 장소를 자체적으로 마련하여 진행할 수도 있고 세미나룸이나 호텔을 활용할 수도 있다. 혹은 학교나 매장에서 진행되기도 한다.

본죽의 비즈니스 미션 **성경적 가치 경영**

다음으로 박람회를 통한 모집이 이루어질 수 있는데, 외식업의 경우에는 프랜차이즈 박람회뿐만 아니라 식품 박람회와 같이 음식과 관련된 박람회도 활용할 수 있다. 특히 박람회는 국내만이 아니라 국제적으로도 이루어질 때가 있으므로, 해외 시장 진출을 위해서는 이러한 박람회를 적극 이용할 필요가 있다.

다양한 미디어를 통한 모집도 이루어지는데, 방송, 신문만이 아니라 지역매체 역시 그 도구가 될 수 있다. 본죽의 경우는 초기에 죽의 달인으로서 소개되면서 예상치도 못하게 가맹을 문의하는 사람들이 줄을 이어가게 되었는데, 그런 면에서 볼 때 초기에는 미디어를 통한 모집 방법이 활용되었다고 볼 수 있다. 물론 의도하지 않게 매스컴에 소개 된 것은 하나님의 은혜가 아닐 수 없다. 또한 방송에 소개되는 드문 기회를 제공하고는 주로 광고 형태로 모집이 이루어지는데 최근에는 SNS가 급격하게 발달하여 큰 돈을 들이는 미디어에 의존하지 않고도 홍보가 이루어질 수 있게 되었다. 그러므로 이러한 미디어도 다양하게 활용할 필요가 있다.

가맹사업 매뉴얼			
창업자 모집			
예 산	컨 셉	희망지역	오픈조건
설명회	박람회		기타 매체
자체장소	식품 박람회		신문
세미나룸	프랜차이즈 박람회		방송
호텔			지역 매체
학교	↓	↓	매장 방문
매장	한국 개최국	외국 개최국	

상담/점포 선정

가맹을 희망하거나 가맹에 관심이 있는 창업자들과는 본격적으로 어떤 단계를 밟게 될까? 먼저 상담이 진행되는데 이때 상담에는 크게 두 가지가 있다.

먼저 창업상담일 경우에는 사업 아이템만이 아니라, 상권 분석과 같은 다양한 조건들을 분석하게 된다. 다음으로 개설상담일 경우에는 실제 오픈을 위한 구체적인 사항이 논의되는데 대표적으로 예산이나 시기 및 장소 등에 대해 다루게 된다.

참고로 상담에서 주요하게 다루어지는 부분은 점포 선정과 인테리어인데, 점포 선정 시 주요하게 고려되는 사항은 입지 조건과 상권에 대한 분석이다. 또한 미래성이 어떠한지에 부동산 동향이 어떠한지도 함께 파악하게 된다. 프랜차이즈 창업이 효과적인 이유 중 하나가 이 부분인데, 개인이 창업을 할 때와 달리 프랜차이즈 창업을 시도하게 되면 오랜 노하우를 통해 점포를 선정할 수 있다.

한편 인테리어 역시 중요한 부분인데 외식업의 경우에는 주방과 홀에 따른 도면과 설계도가 제공되고 그밖에 외부의 간판 등, 전체 컨셉에 맞게 어떤 요소가 반영되어야 하는지를 공유하게 된다.

창업자 교육

창업자를 모집하고 계약하는 것만큼 중요한 것이 교육이다. 아무리 많은 창업자가 계약을 하기로 했다 해도, 교육이 제대로 이루어지지 않으면 그 프랜차이즈는 금방 위태로워진다. 특히 OO제로 사태처럼 소수 가맹점이 잘못을 했음에도 불구하고 프랜차이즈 본사와 다른 가맹점 전체에 막대한 불이익을 미칠 수 있기 때문에 철저한 교육이 진행되어야 한다. 어쩌면 우리 역시 그런 사태를 통해 교육에 대한 중요성을 더욱 분명하게 깨달아갈 수 있었다. 물론 그 전에도 이미 교육을 진행하고 있었지만 하나님은 그 일을 통해 프랜차이즈 가맹을 위한 교육의 본질을 깨닫게 해주셨던 것이다.

이에 기본적인 가맹과 운영을 위한 교육만이 아니라, 기업의 얼굴로서 바른 기능을 할 수 있도록 돕는 과정이 수반되고 있다. 그런 차원에서 본죽 프랜차이즈의 경우, 크게 세 가지 교육이 이루어지는데 이를 모델로 하여 적용해 보면 도움이 되지 않을까 생각한다.

첫째는 레시피 교육이다. 이것은 외식업 프랜차이즈에서 가장 기본적으로 다루고 있는 교육이라고 할 수 있다. 본죽의 경우, 죽과 반찬에 대한 재료 관리부터 시작하여 조리 방법에 대한 사항들이 제공된다. 이것인 궁극적으로 맛과 건강을 좌지우지하는 것이기 때문에, 가장 기본적이면서도 본사 고유의 맛을 그대로 전수하게 만드는 교육단계라 할 수 있다.

둘째는 운영 교육인데, 본죽의 경우 가치관과 사명에 대한 교육이 보다 철저하게 시행된다. 무조건 주입식으로 본사의 방침을 전달하는 것이 아니라, 바른 경영인으로 세워질 수 있도록 지원하고 돕는 과정이라 볼 수 있겠다. 특히 본죽에서는 기독교적 경영을 기본으로 하여 3대 사명(축복의 통로로서의 사명, 사랑의 통로로서의 사명, 복음의 통로로서의 사명)과 6대 핵심가치(경쟁보다 "협력", 성공보다 "사명", 나보다 "우리", 계약보다 "약속", 이윤보다 "가치", 빨리보다 "멀리")와 같은 성경적 경영 방식을 전수한다. 또한 인사관리나 금전관리 하나하나까지 기업 전체의 비전이 그대로 이어질 수 있게 교육을 시행하고 있다.

간혹 레시피 교육과 같은 운영을 위한 구체적인 정보만을 전달하는 교육만 강조하는 곳이 있는데, 만약 이러한 내용이 빠져버리면 정체성을 잃게 되고 지속가능한 발전에 실패할 수 있다.

셋째는 마인드 교육인데, 레시피 교육을 통해 맛을 구현했다면 마인드 교육은 고객들을 위하 서비스 중심의 교육이라고 할 수 있다. 그런데 서비스는 고객들과 직접적으로 대면하는 부분에서의 서비스만이 아니라, 주방 내부에서 이루어지는 하나하나까지 서비스의 한 영역으로 귀결된다.

무엇보다 위생, 청결 등의 문제는 고객을 위한 가장 핵심적 배려이자, 고객의 건강과도 직결되는 부분이라 할 수 있다. 특히 이 부분은 고객들에게 직접적으로 드러나지 않는 부분인 만큼 정직하게 관리를 할 수 있도록 교육해야 한다.

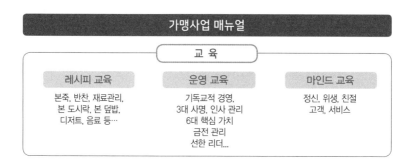

가맹사업 매뉴얼

교 육

레시피 교육	운영 교육	마인드 교육
본죽, 반찬, 재료관리, 본 도시락, 본 덮밥, 디저트, 음료 등…	기독교적 경영, 3대 사명, 인사 관리 6대 핵심 가치 금전 관리 선한 리더...	정신, 위생, 친절 고객, 서비스

오픈 지도와 영업 지도

교육과 더불어 구체적인 매뉴얼을 알려주고 관리하기 위해서 오픈지도와 영업지도가 뒤따르게 되는데, 먼저 본죽 프랜차이즈에서 시행하는 오픈지도는 크게 세 단계로 나뉜다.

첫째는 현장 출장 점검으로, 준비상태와 주방을 중심으로 점검하게 된다. 둘째는 직원 채용 관련한 지도인데, 주방은 일차적으로 유경험자에게 맡길 필요가 있다. 또한 매니저와 주방 보조를 뽑게 되는데 해외에서는 반드시 한국인 1명이 포함되어야 한다. 셋째는 조리와 맛, 재료를 테스트하는 것인데 이는 오픈을 위한 최종 점검사항이라고 볼 수 있겠다. 이 세 단계가 지도해야 하고, 지도에 맞게 잘 따른 것으로 파악되면 매장을 오픈하게 된다.

오픈 후에는 영업지도가 이어지는데, 다양한 영업 관련 사항이 다루어지겠지만 기본적으로 세 가지가 반드시 고려되어야 한다.

첫째는 오픈 시간 준수인데 피치 못할 사정이 있지 않는 한은 반드시 엄수해야 한다. 이는 고객과의 약속이기 때문이다. 둘째는 홍보마케팅 전략인데, 사실상 가만히 있기만 해서는 고객을 확보하기가 어렵다. 그러므로 고객을 끌어오기 위한 실질적인 노력이 뒤따라야 하는데 이에 대한 전략이 본사를 중심으로 제공된다. 마지막으로 고객 응대에 관한 사항을 지도하게 되는데, 고객을 사랑하는 마음을 기본으로 하여 다양한 서비스가 어떻게 이루어져야 하는지를 지도하고 점검하게 된다.

결국 영업지도는 모두 고객을 아끼고 고객에게 만족을 제공하기 위한 차원에서 이루어진다. 특히 이것은 고객이 우선이어야 하며, 이윤에 앞서 고객을 향한 사랑이 기본이 되어야 한다는 정체성을 드러낸다고 할 수 있다.

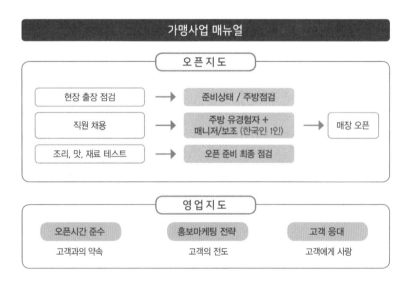

본죽의 비즈니스 미션 **성경적 가치 경영**

운영 관리

운영 관리는 크게 운영의 전반적인 시스템에 대한 관리와 고객 응대 관리, 충성 고객 관리로 나뉘어진다.

첫째, 운영 시스템 관리는 다시 네 가지로 나뉘는데 포스 시스템, 포장 시스템, 배달 시스템, 직원근태 관리시스템이다.

둘째, 고객 응대 관리는 앞서 영업지도에서 다루었던 고객에 대한 마인드 차원의 관리에서 한발 더 나아가, 구체적인 고객 관리 전략을 제시하고 있다. 가령 전화 주문 시 어떻게 응대해야 하는지, 멘트를 관리하는 것부터 시작하여 컴플레인, 클레임에 따른 AS관리 등을 구체적으로 제시하게 된다. 특히 본 브랜드의 4美를 충분히 교육하고 각 매장이 잘 구현하고 있는지 관리해야 하는데 네 가지 美는 '아름다운 미소', '아름다운 목소리', '아름다운 관심'. '아름다운 배려'다.

셋째, 충성고객 관리는 고객 관리가 일원적으로만 다루어져서는 안 됨을 알게 해준다. 특히 고객 중에서도 충성고객을 따로 분류하여 관리한다는 것은 그만큼 다양한 고객층에 대한 입체적인 관리가 이루어지고 있음을 보여주며 궁극적으로는 더 많은 충성고객을 확보하게끔 만드는 데

기여하게 된다. 참고로 여기서는 포인트 관리를 비롯하여 신메뉴 정보 공유를 기본으로, 다양한 특별대우가 제공된다.

Chapter 4

브랜딩
프로세스

브랜딩은 소비자들의 특정 브랜드에 대해 이성적인 인식에서부터 시작하여 신뢰의 감정을 느끼게 한다. 그리고 소비자들은 이런 과정을 통해 그 브랜드에 특정한 이미지나 가치를 부여하게 되며 자신과의 관계를 형성하게 된다. 그만큼 브랜딩이 출발지점에서 핵심적인 가치를 갖는데, 이러한 강조점에 근거했을 때 브랜딩 프로세스 역시 중요하게 다루어져야 한다. 그만큼 브랜딩 프로세스는 브랜드에 새로운 활력을 넣거나 브랜드를 새로 시작할 때 활용하면 유익이 된다.

이제 우리 기업의 브랜딩 프로세스를 공유하기에 앞서, 브랜드의 의미와 본죽이 가지고 있는 브랜드의 가치에 대해 먼저 나누어보도록 하겠다.

브랜드의 가치와 퍼스널 브랜드의 파워

세계 최고 부자이자 기부 1위인 워렌 버핏과 점심 식사 한 끼를 하는

데 얼마가 들까? 이것에 대한 경매 낙찰액이 무려 40억까지 나왔을 정도라고 한다. 이전까지만 해도 10억에서 20억 가량 했던 것이 벌써 40억으로 올랐다. 왜 사람들은 워렌 버핏과 밥 한 끼를 먹는 데 40억씩이나 내려고 할까? 답은 간단하다. 그만한 가치가 있기 때문이다.

브랜드도 마찬가지다. 브랜드 파워는 가치다. 우리 기업의 핵심 역량과 핵심 가치 역시 '본죽'이라는 브랜드에서 비롯된다. 이 브랜드를 빼면 알맹이가 쏙 빠져나간 껍질만 달랑 남을 뿐이다. 특히 본죽이라는 브랜드 안에는 하나님이 주신 영성이 들어 있다. 곧 본죽은 '하나님 브랜드'다.

한편 우리 기업에서 하나님의 도구로 쓰이는 사람들은 모두가 퍼스널 브랜드이자 마스터 프랜차이즈들이다. 나 역시 하나님이 세우신 퍼스널 브랜드다. 하나님은 나를 본죽의 퍼스널 브랜드로서 세계 곳곳에 세우신다. 이전에 삼성에서도 열 번 정도 강의 요청이 온 적이 있다. 그러나 2년 전만 해도 예수님 이야기, 성경적 메시지를 직접적으로 드러내지 않으면 큰일 나는 줄로 알았다. 그래서 종교적 색채가 나면 안 된다는 말에 거절을 하기는 했지만 지금은 꼭 직접적으로 드러내는 것만이 답이 아님을 알기에 충분히 할 수 있을 것 같다.

그런데 한때 아무 희망이 없이 살던 내가, 세계선교사 대회나 세계교육자 선교 대회, 혹은 국내 굴지 기업에 나가 강의할 수 있는 것은 무엇 때문일까? 다 브랜드 파워 때문인 것이다. '최복이'라는 이름만으로 내가 그런 곳에 설 수 있을까? 하나님께서 '본죽 창업주'라는 브랜드를 붙여 주셨기 때문에 파워가 생기는 것이고 그런 자리에도 설 수 있는 것이다. 곧 '본죽 창업주 최복이'로서의 가치가 새롭게 생성되는 것이다.

이 브랜드 파워는 그냥 갑자기 만들어진 것이 아니다. 긴 시간동안 하나님의 훈련과 면담 가운데서 만들어진 것이다. 이것은 인간의 노력만 가지고는 불가능하며 하나님의 은혜와 하나님의 축복이 있을 때에야 가능하다. 그리고 브랜드 파워가 생기면 함께하는 분들 가운데 브랜드 파워가 확장이 된다. 특히 이 브랜드파워를 가장 가치 있게 쓰고자 할 때, 더 놀랍게 확장된다. 단순히 수익을 늘리는 것을 위해 이 가치를 쓰지 않고 어려운 이웃을 돕는 데 쓰일 때, 브랜드를 선교의 도구로 쓸 때, 브랜드 파워가 계속 확장되는 것이다. 우리 동네 브랜드였다가, 대학로 브랜드였다가, 한국 브랜드로, 세계적인 브랜드로 확장되는 것이다. 또한 단순히 먹거리 브랜드였다가 섬김 브랜드로, 선교 브랜드로 확장되는 것이다. 이것이 곧 퍼스널브랜드 시대의 모습이다.

또한 여기에 콘텐츠가 입혀지면 브랜드 곧 상표의 가치가 높아진다. 과거에 500개 매장을 열었을 즈음, 대기업에서 딜이 왔다. "500억 줄 테니 우리에게 넘기라."는 것이었다. 그때 약간 갈등했다. 남편도 심히 갈등했다.

"이 브랜드를 그냥 대기업한테 넘길까? 그러면 500억 가지고 우리 편하게 살 수 있잖아."

그러나 이 일은 하나님께서 맡겨주신 일이었다. 사명이었다. 이 브랜드로 하나님의 일을 하고 우리와 연결된 모든 가맹점 사장님을 양처럼 돌보고 지키는 것 역시 우리의 책임이었다.

사실 브랜드 가치가 높아질 때, 다른 기업에 브랜드를 팔았던 사례들을 본 적이 있다. 우리보다 훨씬 잘 나가던 그런 기업들이었다. 그러나 몇 백억 대, 몇 천 억 대로 팔아넘기고 난 후로 좋은 결말을 보지 못했던 것 같다. 브랜드를 넘긴 사람은 넘긴 사람대로 빛을 보지 못했고, 브랜드를 넘겨받은 기업은 넘겨받은 대로 관리가 제대로 하지 못했던 것 같다. 대신 우리는 하나님이 주신 그 브랜드를 간직하고 관리한 결과, 외식기업 1위 브랜드의 위치를 잘 지켜낼 수 있게 되었다.

본죽의 비즈니스 미션 **성경적 가치 경영**

본죽이라는 브랜드의 가치

우리는 브랜드를 하나의 생명체로 생각한다. 이름이 없는 상태도 탄생했던 음식이 본죽이라는 생명체로 새롭게 태어났고 축복의 브랜드로 성장해간 것을 보면 그 사실을 분명히 알 수 있다.

처음에 새벽 기도 중에 '본죽'이라는 이름을 받을 때만 해도 그 안에는 생명체가 없었다. 기도 후, 남편을 깨워 이야기할 때만 해도 그랬다.

"여보, 본죽 어때요?"
남편은 놀라며 벌떡 일어났다.
"본죽? 본죽?"
몇 번을 하더니, 반색했다.
"이거다. 너무 느낌이 좋다. 이거 하자."

그렇게 기도 가운데 탄생한 본죽. 하지만 그때까지만 해도 가치가 없었다. 국내에 남편 이름으로 등록할 때만 해도, 해외에 내 이름으로 등록할 때만 해도 아직은 아무 가치가 없었다. 브랜드 가치가 일어나지 않았던 것이다.

그런데 여기에 노하우가 입혀지고, 이미지가 입혀지고, 매출이 올라가고, 소비자들이 인식하고, 소비자들이 인정하자 파워가 생겼다. 결국 본죽이라는 브랜드는 가격으로 따질 수 없는 브랜드 가격이 되었다. 하나님이 주신 그 브랜드가 얼마나 놀라운 비밀과 능력을 가지고 있었는지가 본격적으로 드러나기 시작한 셈이다.

본죽이 500억 가량의 가치를 가질 때, 내가 본죽에서 가지고 있는 노하우, 특허 15가지를 다 따지면 내 퍼스널브랜드 가치는 160억이었다. 물론 이것도 하나님이 주신 것이다. 지금은 더 올랐을지 모른다.

그런 차원에서 볼 때, 가맹점주들은 브랜드 파워를 그대로 가지고 시작하게 된다. 새로 만들 필요 없이 있는 것 그대로를 가지고 나가면 되는 것이다. 또한 이것으로 퍼스널 브랜드 파워를 일으키면 되는 것이다.

중요한 것은, 여기에 자기 자신이 더 얹어지기까지 한다는 사실이다. 우리 브랜드를 본인이 돈을 내고 가맹을 내서 샀으니, 거기에 곧 자기가 얹어지는 것이다. 가령 대출 받을 일이 있을 때, 본죽 가맹점 사장이라고 하면 바로 승인이 나지 않겠는가? 그런 것들 하나하나가 브랜드 가치를 증명하는 것이다.

이처럼 본죽 브랜드를 매장의 파워로 끝내지 말고 내 파워로 연장시켜나가야 한다. 나와 브랜드를 연합시켜야 한다.

특히 해외 매장을 운영하는 분들은 그 나라 안에서 이 파워를 활용해야 한다. 이 파워를 통해 사람을 먹이고 사람을 살리고 복음을 전해야 하며, 정부 관계자들이나 다른 기업인들과의 관계도 형성해 나가야 한다. 분명 이 브랜드는 다른 기업인들과도 파트너십을 이룰 수 있는 브랜드파 워를 지니고 있다.

이제 은혜로 주어진 브랜드 파워의 가치를 알고 지혜롭게 활용해 보자. 가치를 모르거나 가볍게 여기면 말로 쓰는 그릇을 받고도 되로 쓰고 가치를 알면 되로 쓰는 그릇을 받고도 말로 쓴다. 이미 엄청난 가치를 받았는데, 그 출발점이 무색하게 헛된 데 에너지를 소모해서는 안 된다. 이미 주어진 그 가치를 잘 알고 잘 활용해야 하며, 거기에 나를 더해야 한다.

신이 내린 브랜드, 본죽

내가 이 기업에서 출시시킨 브랜드는 본죽, 본 비빔밥, 본도시락, 본국수대청, 본우리반상, 본우리덮밥, 그리고 프로덕트인 아침엔본죽, 베이비본죽이다. 총 6개의 브랜드와 2개의 제품 브랜드를 만들었는데 이중 본비빔밥, 본도시락, 본국수대청, 본우리반상, 본우리덮밥, 그리고 프로덕트인 아침엔본죽, 베이비본죽은 하나님이 주신 지혜로 기획하는 과정을 거치게 하셨다. 그러나 본죽은 그냥 하늘로부터 떨어진 것과도 같은 브랜드였다. 그냥 선물 그 자체였다. 한마디로 전무후무한, 신이 내린 브랜드 라고 자타가 평하고 있다.

신이 내린 브랜드라는 것은 매출에서부터 분명하게 확인된다. 브랜드 의 가치는 보통 매출로 증명이 되는데, 본죽 매출은 다른 곳과 차원이 다 르게 확보된다. 곧 기본적으로 매출을 따질 때 활용되는 '좌석수 × 객단 가'로 계산하는 차원을 넘어서는 것이다.

보통 10평에서 15평가량의 매장일 경우, 좌석 수에 객단가를 곱하면 그 매장의 매출이 바로 나온다. 조금 더 정확히 말하면 '좌석 수 × 하루 동안 판매한 평균 가격'이 곧 매출이다. 이것이 매출을 따지는 가장 기본 적이면서도 심플한 방법인데, 보통 10평, 15평 정도일 때 좌석 수는 ±20 석이다. 이와 같이 좌석 수가 정해져 있어 아무리 장사가 잘 된다고 해도 그 한계를 넘기 어렵다.

그런데 본죽은 그 룰을 완전히 깬 브랜드다. 일반적인 그 원칙에 맞지 않은 이유가 포장 시스템이 있기 때문이다. 즉, 기존 방법대로 계산된 매 출 계산 방법을 초월할 수밖에 없다. 특히 포장 비율 자체가 꽤 높다. 국 내의 경우에는 ±50% 정도가 포장일 정도다. 가령 아픈 분들이 죽을 먹 는 경우가 많은데, 이분들은 매장에 와서 드시는 것이 아니라 다른 분들 이 포장을 해서 가져가기 때문에 비율이 높을 수밖에 없는 것이다. 더 중 요한 사실은 포장을 할 때, 한 그릇만 포장해가지 않는다는 사실이다. 매장에 방문해서 먹을 경우에는 1인 1그릇이지만 포장의 경우에는 평균 2-3개가 기본이다.

그야말로 신이 내린 브랜드의 초월적인, 초자연적인 신비로움이 우리 브랜드 안에 있다. 이것이 어디 한국에서만 적용될까? 우리 브랜드만의 강점은 해외 현지에서도 충분하게 활용된다.

'맛있는 건강'을 지키는 소울 푸드

본죽은 맛있는 음식이다. 하지만 맛있기에 앞서 건강한 음식이다. 죽이라는 음식 자체가 건강과 밀접한 관련을 맺듯 건강음식으로서의 본죽의 가치는 대단하다. 단순히 단단한 음식을 소화시키기 어려운 아픈 사람들만이 아니라, 현재의 건강을 유지하고 발전시키기 위한 사람들에게도 더 없이 유익한 음식이 바로 이 본죽이다. 또한 약함의 대명사이기도 한 아이들과 나이 드신 분들에게 역시 최적화된 음식이다. 약한 사람은 힘을 내게 해 주고, 약하지 않은 사람은 약해지지 않도록 해 주는 것이 이 본죽인 것이다.

거기에 건강식이라는 이유로 맛을 포기하지도 않는다. 건강을 위해 먹는 것인데 요리 하나를 먹는 것처럼 맛도 좋다. 그야말로 몸에도 좋고 맛도 좋고 정성이 듬뿍 들어간, 어머니의 사랑을 느끼게 하는 고유의 음식이라고도 볼 수 있다.

계절도 유행도 타지 않는 음식

본죽의 경우 매출이 일정하다. 늘 안정적인 매출을 드러내는 편이다. 계절마다 달라지는 일이 없고 비수기, 성수기가 따로 존재하지 않는다. 이것은 죽이라는 아이템 자체가 계절을 타지 않기 때문이다. 한 겨울에도, 한 여름에도 즐겨 찾을 수 있는 것이 죽이다. 또한 이것은 유행도, 트렌드도 타지 않는다. 심지어 경제 상황도 타지 않는다. 그런 베이직이 깔려있기 때문에 아무리 불황이어서 다른 식당이 문을 닫아도 본죽은 영향을 받지 않는 것이다.

심지어 죽이라는 아이템 덕분에 다양한 프로모션이 가능하다. 동지에는 팥죽 데이, 여름에 보양 데이(삼계죽이나 불낙죽 먹는 날)을 만들어서 끊임없는 마케팅을 확장시켜나갈 수 있다. 즉, 기본적인 수요에 프로모션이나 이벤트를 통한 인기가 추가될 수 있어 불황과 거리가 먼 운영을 할 수 있다.

모든 나라에 통용되는 슬로건,
'어머니의 사랑, 맛있는 건강'

음식에는 호불호가 따르기 마련이다. 또한 한 쪽에 강점이 있으면 또다른 한 쪽에서 약점이 있기 마련이다. 가령 고급지고 맛있는 음식은 그만큼 가격대가 비싸다는 단점이 있고, 자극적이면서도 흥미로운 음식은 많이 먹으면 건강에 좋지 않다는 단점이 있다.

본죽의 비즈니스 미션 **성경적 가치 경영**

그런데 전 세계 어디를 가도 예외 없이 선호할 수밖에 없는 음식이 있다. 그것은 바로 어머니의 음식이다. 어머니의 음식은 그야말로 가장 소중하고 귀한 가치를 지닌다. 특히 성장한 후로는 더없이 그리워지고 소중해지는 음식이기도 하다. 그런데 죽이라는 아이템은 어머니의 정성을 담아낸 음식을 연상시키기 때문에 어머니의 따뜻한 온정을 좋아하고 추억하는 사람이라면 본죽을 좋아할 수밖에 없다.

또한 앞서도 언급한 것처럼 본죽은 맛과 건강을 동시에 잡은 음식이다. 건강을 위해 억지로 먹는 음식, 혹은 맛은 좋지만 건강은 신경 쓰지 않고 먹는 음식이 아니라 맛을 즐기면서도 내 몸에 미안하지 않을 음식이 바로 이 본죽인 것이다. 따라서 이 부분에서 역시 전 세계 어디에서나 사랑을 받을 수밖에 없다.

'어머니의 사랑, 맛있는 건강', 본죽의 이 슬로건은 그만큼 세계에 다 통하는 슬로건이다. 어디 한 군데에서라도 부딪히는 곳이 없다. 감동을 자아내는 소울푸드가 아닐 수 없다. 그런 차원에서 이러한 브랜드의 특성을 현지화할 때 매우 유리하다.

브랜딩 프로세스

각 기업마다 제시하는 브랜딩 프로세스는 차이가 날 수 있겠지만 샘플로 본도시락의 프로세스를 소개하자면 다음과 같다.

목표 설정

가장 먼저 정해져야 할 것은 목표다. 이것은 비전과도 연결되며 우리와 같이 미션 기업으로서 활약하는 경우에는 하나님이 주신 사명과도 직결된다. 또한 이것은 성장동력이 될 수 있다. 실제로 본도시락의 목표인 한식 브랜드화와 세계화는 지속적인 성장을 이끌어낸 핵심 동력이 되어가고 있다. 아무리 그럴 듯한 아이템을 개발하거나 착안했다고 해도 목표 자체가 제대로 잡히지 않으면 그 아이템의 지속가능성은 보장하기 어렵다. 곧 이것을 우리가 상품화하고 고객들에게 제공하는 이유와 본질에 대해 분명하게 알고 그에 따라 목표를 먼저 잡을 수 있어야 한다.

네이밍

다음으로 네이밍 과정이 필요한데, 이 부분은 기업의 정체성을 드러내는 것인 만큼 더없이 중요하다. 브랜드가 결국에는 이름을 통해 가시화되기 때문이다. 그런 차원에서 하나님이 기도 가운데 '본죽'이라는 이름을 선물로 주신 것에 대해 늘 감사하고 있다. 이것은 내 머리와 기획으로는 절대로 나오지 않았을 이름이다.

한편 여기서는 정해진 이름으로 상표 등록을 한 후 BI디자인을 의뢰하여 최종적으로 세상에 제시할 브랜드의 상징을 만들어내야 한다.

컨셉과 타깃 설정

이어서, 전체 컨셉과 타깃 설정되어야 한다. 이전까지가 본질적인 차원을 다루는 단계였다면 이 두 가지는 브랜딩이 보다 구체화되기 시작하는 과정이라고 볼 수 있다. 특히 외식업의 경우, 모든 사람이 주 고객층이어야 하지만 그럼에도 불구하고 명확한 타깃 설정될 필요가 있다. 참고로 본도시락의 경우, 청장년층의 프리미엄 건강도시락의 수요가 늘고 있다는 상황을 인식한 후 그들을 주요 타깃으로 삼았다.

시장조사와 벤치마킹

타깃이 설정되었다면 본격적인 시장조사 및 다른 기업이나 업체의 벤치마킹에 들어갈 필요가 있다. 가령 기존 도시락 시장의 현황이 어떠한지에 대해 살펴야 하고 출시된 도시락을 빠짐없이 리서치 해야 한다. 동시에 도시락을 먹게 될 소비자들의 니즈를 조사해야 하며 대표적인 국가와 한국 시장의 동향 역시 살펴야 한다.

SWOT 분석

그 다음으로는 SWOT 분석에 들어가야 하는데, SWOT이란,

Strength(장점), Weakness(단점), Opportunity(기회), Threat(위험)의 약자를 합친 것으로, 내부 환경과 외부환경을 분석한 후 사업의 방향을 바로 잡고 대처하기 위해 쓰이는 분석법이다. 참고로 이 네 가지를 직사각형 형태의 행과 열에 각각 배열하면 총 네 가지 케이스가 나오는데 SO는 강점을 가지고 기회를 살피는 전략이며 ST는 강점을 가지고 위협을 회피하거나 최소화하는 전략이다. 또한 WO는 약점을 보완하여 기회를 살리는 전략이며 WT는 약점을 보완하면서 동시에 위협을 회피하거나 최소화하는 전략이다. 그만큼 이 분석법은 내부만이 아니라 외부의 모습까지 보다 객관적으로 고려할 수 있다는 점에서 지속가능한 전략을 꾀하는 데 도움이 된다.

메뉴 구성과 레시피 개발

여기까지가 전략적인 측면이었다면 다음부터는 아이템을 제공하기 위한 구체적인 준비작업이 시작되는데 먼저 메뉴를 구성하고 그에 따라 레시피를 개발해야 한다.

한편 레시피를 개발할 때는 일관된 맛을 유지하도록 철저한 표준화와 계량화 노하우를 따라야 한다. 그리할 때 고객들로부터 맛의 신뢰를 지속적으로 받게 된다.

가격 책정

레시피가 개발되면 원가분석을 기반으로 메뉴가격이 책정되어야 한다. 이때 메뉴 단가를 분석한 후, 포장용이 가격을 고려하여 최종적으로 원가를 분석하되 적절하게 맞춤식 가격을 선정할 수 있어야 한다.

식재료와 집기, 비품 리스트 작성 & 관리 시스템과 매뉴얼 작성

이어서 앞으로 사용하고 구매해야 할 식재료 리스트와 집기비품 리스트가 작성되어야 하며, 다음으로 인테리어 컨셉을 설정한 후 주방집기 등의 비품을 마련해야 한다. 그리고 매출관리 시스템과 매뉴얼을 만든 후, 본격적으로 매장에 적용해 보아야 한다. 이때 테스트 매장 오픈이 가능하다.

참고로 이 단계에서는 공통적으로 여러 곳에서 견적을 받은 후 비교하여 업체를 선정할 필요가 있다.

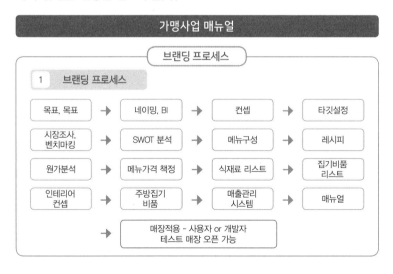

본도시락 브렌딩

1	목표, 목표	성장동력, 한식 브랜드화, 세계화
2	네이밍, BI	상표등록 및 BI 디자인 의뢰
3	컨셉	프리미엄 도시락, 즉석도시락
4	타깃설정	청장년 프리미엄 건강도시락 수요층
5	시장조사 벤치마킹	기존 도시락 시장 현황 출시 도시락 리서치 소비자 Needs 조사 일봄 및 한국 시장 조사
6	SWOT 분석	강점, 약점, 기회, 위협 요소들 분석
7	메뉴구성	기본메뉴 (70%) + 선택 메뉴 (30%)
8	레시피	표준화, 계량화 노하우
9	원가 분석	메뉴 단가분석 + 포장용기
10	메뉴가격 책정	시중가, 원가, 심리적 가격
11	식재료 리스트	비교, 견적 및 업체 선정
12	집기비품 리스트	비교, 견적 및 업체 선정
13	인테리어 컨셉	비교, 견적 및 업체 선정
14	주방집기 비품	비교, 견적 및 업체 선정
15	매출관리 시스템	포스 (POS) 외부업체
16	메뉴얼	인사, 매장, 세무회계, 위생, 서비스 관리

하나님을 사랑하는 만큼
사람을 사랑하는 것,

그 사랑은 모든 것의 기반이었다
하나님 사랑과 이웃 사랑은 한 순간도
어김없이 함께 간다

오늘도 우리는 복음과 섬김으로
온누리에 이웃사랑을 실천하고 있다

Part 4

우리에게
남겨진
거룩한 과업

- 인턴 선교사를 세우라

하나님은 이 기업을 기독교 기업에서 선교적 기업으로 변모시키셨고 2019년부터는 비즈니스 선교의 본보기로 삼아주셨다. 더 이상 비즈니스가 도구가 아닌 선교 그 자체가 되는 시스템을 우리에게 가르쳐주신 것이다.

이에 앞으로 BM매장은 일터교회로서 기능하게 되며, BM 선교사는 생명나무로 활동하게 된다. 그리고 '세계 만방에 왕의 기업의 깃발'을 꽂는 것은 BM매장의 사명으로 자리잡게 된다.

한편 비즈니스 선교의 현장으로 나아가야 할 우리에게는 한 가지 숙제가 남아있다. 이제 그 숙제가 무엇인지를 마지막으로 알아보도록 할 것이다.

하나님에게 있어 모든 매장은
하나의 가족이다

하나님 안에서 하나가 되어야 할
유기적인 공동체다

그 안에서는 경쟁이 아닌 협력이,
대립이 아닌 화합만이 존재할 뿐이다

Chapter 1

선교적
기업으로서의 흐름과
하나님이 보여주신
새로운 비전

| 1단계 |
해외 사업 수익의 일부를
선교를 위해 사용하기

본죽은 본래 선교에 뜻을 두고 있던 기업이었다. 당시까지만 해도 우리는 "해외에서 수익이 나면 그 수익으로 그 나라의 선교와 구제를 위해 쓰겠습니다."라는 마음을 가지고 있었다. 그리고 그것만으로도 충분하다고 생각했다. 남들이 이윤만을 보고 달릴 때, 그 이윤의 일부로 선교를 하려고 하니 그 자체만으로도 하나님이 흡족해 하실 것이라 생각했다.

그러나 이것은 기업이 선교에 참여하는 것이기는 하나, 비즈니스 선교라고는 볼 수 없었다. 선교가 기업활동의 일부에 그치는 것일 뿐, 선교가 기업의 중심이 되지는 않았기 때문이다. 물론 그조차도 하나님의 인도 하심에 따른 결과였다. 하나님은 작은 것에서부터 서서히 변화를 시켜주시는 분이기 때문이다.

| 2단계 |
매장 자체를 일터 교회로 삼기

한식의 세계화라는 뜻을 품고 해외로 나갔지만 우리는 여러 번의 도전 끝에 실패를 경험하게 된다. 그리고 2016년, 사드 사태를 기점으로 완전히 해외 사업을 접게 되던 그때, 하나님은 해외에서 우리가 감당해야 할 진짜 역할이 무엇인지를 보여주셨다.

그때부터 시작된 것이 BM매장이다. 매장을 일터 교회로 삼은 후 브랜드, 노하우, 시스템, 사람, 물질을 동원하여 선교사들을 자립시키는 시스템이 시작된 것이다. 그렇게 우리는 이전에는 생각지도 못했던 방법으로 해외에서 자립선교의 길을 열어갈 수 있었다. 이런 움직임은 선교사들의 비자문제와 생계문제를 해결시켜주었고 동시에 매장이 선교사역의 거점이 될 수 있게 해 주었다.

우리는 그런 변화를 보면서 하나님의 계획에 놀라움을 금치 못했고 이것만으로도 선교적 기업으로서 완성도가 높은 모델이라고 생각했다.

이것이 2018년까지 하나님이 우리 기업을 사용하시는 방법이었다.

| 3단계 |
'비즈니스 = 선교'가 되게 하기

2019년에 들어서면서, 하나님은 우리에게 새로운 비전을 보여주셨다. 기존에 활발하게 확장해 가던 BM매장이 앞으로 어떤 방식으로 변모해야 하는지, 그리고 기업 전체가 선교 사역에 있어 어떤 위치에 있어야 하는 지를 새롭게 깨닫게 하셨다.

그것이 바로 서문에서도 다루었듯이 '하나님의 방법으로, 하나님 나라를 목적을 이루는 것'이다. 얼핏 보면 2단계와 별 차이가 없게 느껴질 지도 모른다. BM매장을 기반으로 하는 것까지는 동일하기 때문이다. 그러나 2단계와 3단계는 중요한 차이를 보이고 있다. 2단계에서 BM매장이 선교의 도구로 쓰였다면, 3단계에서는 BM매장이 선교 그 자체가 되기 때문이다. 곧, BM매장에서 사용되는 방법 하나하나가 성경적 가치와 방식에 근거한 하나님의 방법이 되어야 하며, BM매장이 실현하고자 하는 모든 것이 하나님 나라와 직결되어야 한다. 하나님의 뜻도 이루면서 기업 나름의 계획도 실현해 나가는 차원이 아니라, 모든 활동 자체가 선교가 되는 것이 하나님이 보여주신 새로운 비전인 셈이다.

왕의 기업에는 왕의 사람들이 필요하다
하나님은 그 왕의 사람들을 찾으시고
그 사람을 통해 역사하신다

그리고 우리에게
이 시대에 필요한 왕의 사람을
더 많이 세우라고 명하신다

Chapter 2

하나님의 방법으로
하나님 나라를 세우는
선교적 기업이란

왕이 통치하는 기업

하나님은 이제 우리에게 왕의 기업, 곧 왕이 통치하는 기업을 세우라고 명하신다. 이전에도 왕(하나님)의 뜻을 실현하기 위해 선교 사역을 위해 헌신했지만 그것만으로는 부족하다는 것이다. 이제는 비즈니스의 모든 목적이 하나님께 향해 있어야 한다. 앞서 3단계에서 설명하였듯이, 비즈니스를 통한 선교가 아닌, 비즈니스가 곧 선교가 되어야 하는 것이다.

사실 그동안 우리는 우리의 필요에 의한 비즈니스를 해 왔다. 그리고 그것을 통해 선교 사역을 펼치고자 했다. 이것은 결국 왕이 전적으로 통치하는 기업의 모습이 아니다. 우리가 우리의 뜻대로 세운 기업에, 가끔 왕을 초청하는 정도에 지나지 않는 것이다.

그런데 왕의 기업은 기업의 모든 요소 안에 하나님의 나라가 임하게 끔 한다. 가령, 물질세계 안에서도 세상의 원리가 작용하는 것이 아니라, 하나님의 원리가 그대로 적용되는 것이다. 그러니 왕의 기업에서는 해외 특정 지역에 매장 하나를 내 주어서 생계문제를 해결하게 하는(기업이 선교사역에 뒷받침을 해 주는) 차원을 초월하게 된다.

사람(CEO)을 세우는 기업

왕의 기업에서는 철저하게 왕의 사람들이 필요하다. 사람을 들어 사용하시는 하나님은 하나님 나라를 확장하는 데 있어서도 사람을 통해 역사하신다. 그러기에 기업도 기업이지만 사람을 세워야 한다.

그런데 우리가 세워야 할 사람은 리더의 말을 따를 팔로워가 아니라 리더 그 자체다. 곧 CEO(경영인)다. 세계 곳곳에서 왕의 기업을 세울 리더를 세워야 하나님의 나라가 확장되는 것이다.

이것은 결국 제자를 세우는 것이라고 할 수 있다. 그만큼 이 시대의 진정한 비즈니스 선교를 위해서는 사람을 세워야 한다. 기업을 위해 추종할 인재를 키우는 것이 아니라, 새로운 땅에서 왕의 기업을 세울 리더를 교육시키고 파송하는 것이 선교 기업의 중요한 몫이 되는 것이다.

Chapter 3

지금은 선교의
새로운 패러다임이
필요한 시기다

이전의 선교방식으로는
더 이상 어렵다

오늘날 선교 사역은 이전과는 다른 양상을 드러낸다. 달라진 양상을 한마디로 축약하자면 이렇게 말할 수 있다.

'상황이 어렵다.'

선교 방법, 스타일이 달라졌다는 것이 아니라, 형편 자체가 어려워졌다. 그래서 기존의 방식대로는 선교사역을 이어가는 것 자체가 어려워졌다. 교회가 해외 선교를 위한 지원을 충분히 하지 못하는 시대가 되었고 결국, 선교사 파송 자체가 어려워지고 있다. 또한 파송되었다고 해도 정착과 지속적인 선교가 힘들어지고 있다. 이것은 경제가 좋아진다고 해서 나아질 수 있는 게 아니다. 교회가 선교사역을 위해 더 헌신해야 한다고 외친다고 해서 될 일이 아니다. 선교의 패러다임 자체가 바뀌어야 한다. 이제는 교회의 지원을 받는 선교만으로는 어렵다. 해외선교 현장에서 선교 활동과 경제적 활동이 동시에 이루어져야 한다. 경제적 활동이 선교의 도구가 아니라, 그 자체로 선교가 되어야 한다. 과정 자체가 선교가 되어야 한다.

텐트 메이커로 돌아갈 때가 왔다

선교현장에서 경제활동이 함께 이루어지는 것에 대해서는 우려의 목소리가 많다. 물론 인식의 변화가 일어나고 있기는 하지만 한 간에서는 여전히 목회자의 이중직을 비판한다.

그러나 초대교회 사도들만 해도 이중직이었다. 대표적인 케이스가 텐트메이커를 하며 사역을 했던 사도 바울이다.

그러고 보면, 선교의 새로운 패러다임이라는 것은 결국 가장 성경적인 모습을 회복하는 것이라고도 할 수 있다. 이전에는 없었던 새로운 무엇인가를 도입하는 것이 아니라, 초대교회로 돌아가고 성경이 말하는 본질을 추구하는 것이 지금 우리에게 보여주신 하나님의 뜻인 것이다.

'목회자(선교사)는 경제활동을 해서는 안 되고 사역에만 집중해야 한다.'는 것에 얽매여 있느라 선교 자체가 위기를 경험하는 현실을 분명하게 직시하자. 본질은 선교 그 자체다. 선교를 위해서라면 이중직도 허용될 수 있다(단, 그 일 자체가 선교가 될 수 있어야 한다).

일터의 영성, 삶의 영성이 필요한 때다

그동안 예배와 일이 분리가 되어 있었다. 선교와 먹고사는 일은 전혀 다른 개념으로 존재했다. 그러나 별개가 되었기 때문에 문제가 되었다. 두 가지가 서로 분리가 되다 보니 뜨겁게 예배드리고 난 뒤 돌아가면 그대로 도루묵이 되었다. 일터로 가는 순간, 일상으로 돌아가는 순간, 이전과 별 다를 바 없는 삶이 지속되었다.

이렇게 일터 영성이 없으니 믿는 자와 안 믿는 자가 구별되지도 않았다. 특별히 거룩한 것도 없고, 빛과 소금다운 모습도 없는 게 우리의 현실이었다.

이런 모습 때문에 복음을 열심히 전하고도 선교사가 철수하고 나면 요요현상을 겪는 경우가 비일비재했다. 가령, 복음을 받아들였어도 선교사가 빠져나가고 나면 어떻게 살아갈지 몰라 다시 무슬림 문화에 젖어들곤 했다. 이는 신앙과 삶이 분리되었을 때 나타나는 전형적인 문제가 아닐 수 없다.

신앙은 길과 진리와 생명 되신 예수님을 ① 믿고(구원의 영성) ② 닮고(성화의 영성) ③ 따르고(제자의 영성) ④ 나타내고(삶/일상의 영성) ⑤ 전하는 것(사역의 영성)이다. 교회 안에서만 뜨거운 것이 영성이 아니다. 이 다섯 가지가 함께 가야 한다. 비즈니스 선교도 마찬가지다. 비즈니스 자체로 예수님을 따르고 나타내고 전할 수 있을 때, 진정한 하나님 나라의 확장이 이루어질 수 있다.

Chapter 4

남아있는 숙제,
인턴 선교사를
세우라

새 술은 새 부대에

과거 우리 기업은 기존 선교사들과 더불어 사역했다. 그들이 조금 더 견고하게 세워질 수 있도록 조력하는 것이 우리의 역할이라고 생각했다. 그리고 BM매장은 그 사역을 위해 값지게 사용되었다.

그런데 이것으로 끝나서는 안 된다. 하나님이 우리에게 새롭게 요구하시는 비즈니스 사역을 향해 나아가려면 새 부대가 필요하다. 곧 새로운 선교사를 세우고 파송해야 한다.

기존의 선교사들에게 새로운 비즈니스 선교 시스템을 요구하는 것은 무리가 있다. 비지니스 선교에 정체성이 없어 쉽게 따라오기가 어렵다. 모두 그런 것은 아니지만 일부 선교사들 중에는 비자문제, 노후문제를 더

걱정하는 경우도 있다. 이미 목적 자체가 하나님 나라와 멀어지고 있는 셈이다(물론 일부의 경우를 말하는 것이다). 그만큼 기존 선교사들을 위해 조력하는 데에는 힘쓰되 동시에 새로운 선교사들, 곧 하나님 나라의 미래를 찾는 일에 집중해야 한다.

특히 자연스럽게 연착이 될 수 있게 해야 한다. 기존 선교사들을 도와 마무리를 하고 새로운 선교사로 교체될 수 있게 하는 사명이 우리에게 주어진 것이다. 엘리사가 엘리야로부터 사역을 이어받았던 것과 같은 그 역사가 이제 비즈니스 선교 현장에서 재현되어야 한다.

인턴 선교사를 세우라

이런 시점에서 우리에게는 중요한 숙제가 남아있다. 바로 인턴 선교사를 세우는 것이다. 이들은 인턴선교사를 거쳐 CEO선교사로 세워지게된다. 앞서 말한 대로 왕의 기업이 해야 할 사람을 세우는 것이 이것과 일맥상통한다.

인턴 선교사는 말 그대로 인턴이다. 아직 선교사로 완성되지 않은 상태다. 앞서 말한 왕의 기업이 말하는 비즈니스 선교를 감당하도록 헌신하고 교육을 받는 것, 그것이 인턴 선교사 시기에 거쳐야 할 일들이다. 그리고 그들을 세우고 교육하는 일을 선교기업이 감당해야 한다. 선교지를 찾고 선교 아이템을 구축하는 것만이 아니라, 그런 인턴선교사를 세우는 일에도 집중해야 하는 것이다. 물론 선교사로 세워지기까지의 과정 자체 역시 또 하나의 선교가 될 수 있다는 것도 잊지 말자.

인턴 선교사, 처음에는 연약할 수 있다. 하지만 무릎을 꿇을 때(때로는 아예 엎드릴 때) 그 연약한 무릎을 통해 성령은 역사하기 시작하신다. 곧 무릎에서 나오는 파워로 권능 있는 삶을 이끌어 내신다. 처음부터 뭔가 갖춘 듯한 선교사가 아니라, 존재 자체가 희미한 인턴 선교사를 통해 하나님은 '그 사람'이 아닌 '하나님'을 드러내신다.

이 시대의 청년들에게 희망이 있다

포기의 시대, 하나님은 포기를 포기하라 하신다

요즘 청년들의 키워드는 '포기'다. 3포 세대에서 7포 세대를 지나 이제는 M포 세대가 되었다. 그야말로 모든 것을 포기하며 사는 세대가 오늘날의 청년들이다. 어른의 한 사람으로 짠하고 미안한 마음까지 들지 않을 수 없다. 살기 좋은 시대를 물려줘야 하는데……. 이런 시국에 살게 만든 나부터가 미안하지 않을 수 없다. 교회 안의 청년들을 볼 때도, 마음이 아플 뿐이다. 절망과 포기가 현실이 되어버리는 그들의 모습에 암담할 뿐이다.

하지만 한 가지만큼은 기억해야 한다. 하나님에게 있어서는 포기가 없다는 사실이다. 곧 하나님 안에 있는 청년들은 포기해서는 안 된다. 하나님을 향한 믿음이 있는 이상, 포기란 있을 수 없다. 현실이 포기를 부추긴다고 해도 하나님이 계시는 한 포기는 있을 수 없는 것이다. 그러기에 우리에게 주어진 위기는 오히려 하나님이 허락하신 기회가 될 수 있음을 기억해야 한다. 주님은 고난 중에 역사하시며 새 일을 행하시는 분임을 기억해야 한다.

영성으로 위기를 극복하라

그런 차원에서 청년들에게 두려움과 불안을 해소하고 일어서는 법을 공유하고 싶다. 나 역시도 수도 없는 절망의 구덩이에서 빠져나온 경험이 있기 때문이다.

절망의 늪에서 빠져나올 결정적인 대안은 영성이다. 영성을 키우는 것, 이것이 유일한 해답이다. 기독교 영성이란, 그리스도 안에서 성령의 능력을 의지하여 하나님의 방법으로 하나님의 뜻을 따라 살아내는 성향이다. 여기에 모든 것에 대한 답이 있다. 즉 말씀과 기도와 예배와 찬양 가운데 주님과 친밀도를 높이며 절대적으로 그분을 신뢰하고 그분을 의지하는 것, 그 안에 답이 있다. 절대적으로 그분을 사모하며 찾고 두드릴 때 위기에서 헤어나올 결정적인 돌파구가 마련된다. 무엇보다 영성을 높이면 위기에서 벗어나는 것에 그치지 않는다. 앞으로 주님이 나를 위해 세우신 뜻과 계획이 무엇인지를 알게 되고, 그 뜻을 이룰 방법을 깨닫게 되는 것은 물론, 능력까지 덧입게 된다. 더 나아가, 인성과 지성이 영성의 지배를 받게 됨으로써 이 땅이 감당 못할 놀라운 인재로서 성장하게 된다. 이 모든 것은 그리스도 안에서만이 누릴 수 있는 신비가 아닐 수 없다.

인생은 결국 길찾기가 아닌가. 그런데 그리스도를 안다면 이미 진리이며 생명인 길을 찾았다고 할 수 있다. 이미 승리는 보장했다고 볼 수 있는 것이다. 그러기에 그리스도의 영성을 갖는 것, 그것이 유일한 인생의 해답이다.

"내가 곧 길이요 진리요 생명이니 나로 말미암지 않고는
 아버지께로 올 자가 없느니라"(요한복음 14:6)

비즈니스 선교의 비전을 향해 세계로 나갈 청년들

요즘 청년들이 스타트업을 많이 준비하고 있는데, 아무래도 아이템에 대한 고민이 많은 것 같다. 실제로 내게 많은 질문을 한다. 그럴 때마다 영적인 시선으로 멀리 넓게 보라고 권면한다. 구체적으로, 좁은 우리나라 안에서 이미 포화된 자영업 시장을 벗어나 하나님이 한류로 펼쳐 놓으

신 대로를 따라 도전해 보라고 권면한다. 그런 차원에서 하나님의 청년들이 현지화된 선교사님들과 매칭하여 훈련도 받고 창업선교의 비전을 갖길 기대해 본다. 이것이 이 시대를 향한 하나님의 비전이자, 우리의 선교 비전이다. 실제로 이를 위해 하나님은 우리에게 BM매장·BM기업 프로젝트(비즈니스 선교 청년 CEO선교사 과정 지원 프로젝트)를 청년들에게까지 확대하게 하셨다. 이 또한 하나님의 일이자, 하나님 나라의 프로젝트이기에 겸손히 순종함으로 준비해 나가고 있다. 성령님의 이끄심에 따라가고 있다.

이제 성령의 인도하심 속에서 청년들이 세계로 나아가길 기대해 본다. 실제로 요즘 해외에 나가면 한류열풍이 대단하다. 한국산이라면 작은 것이라도 각광을 받는 게 현실이다. 한국어 열풍이 일고 있는가 하면, 한국의 뻥튀기나 호떡 같은 간식도 높은 인기를 끌고 있다. 이런 시대에, 한국의 청년들이라면 어디를 가도 탁월함과 우수함을 발휘할 수 있으리라 믿어 의심치 않는다. 그리고 그 가운데서 하나님이 이끄시는 대로 선한 영향력을 끼칠 수 있을 거라 확신한다. 더 나아가 우리 청년들이 세계 곳곳에 나가 복음을 전하는 것은 물론 낙후된 지역의 발전에도 헌신할 수 있을 것이라 믿는다.

마지막으로, 미래의 인턴선교사들,
곧 하나님의 청년들을 응원한다.

하나님은 지금 이 순간에도
우리 가운데 꿈을 심어주신다

세상이 생각지 못할
거룩한 비전을 가슴에 품게 하신다

그것을 마음에 담은 우리의 하루는
오늘도 새로운 은혜로 가득하다

그저
고백한 것 뿐인데…

'경영인'
나에게는 아직 낯선 직함이다.

'비즈니스 선교사'
이것은 더욱 부담으로 다가오는 직분이다.
너무나 영광스러운 것이기에 무겁게 다가올 수밖에 없는,
'거룩한 부담'이 아닐 수 없다.

그만큼 나는 약하고 미련하다.
그리고 하나님은 그런 나를
오직 하나님의 뜻과 계획 안에서 사용하고 계신다.

돌아보면 얼마나 다행인지 모른다.

나의 미련함이 하나님의 영광만을 드러낼 수 있는 조건이 될 수 있기에…

돌아보면 얼마나 감사한지 모른다.

나의 약함이 하나님의 강함만을 나타낼 수 있는 기회가 될 수 있기에…

하나님이 나를 쓰시는 이유는 어찌 보면 하나뿐인 것 같다.

성령의 능력이 온전히 발휘될 수 있도록 '텅 비워져 있다는 것'

그 하나 때문에 나는 거룩한 도구로 쓰임 받고 있는 것이다.

'쓸 만한 것이 없기에 쓰임 받을 수 있다'는 그 역설이

내 삶 가운데서 펼쳐져 왔다.

분명 나에겐 능력도 없고 지혜도 없었다.

나는 경영을 공부한 것도 아니고 신학을 공부한 것도 아니었다.

하나님을 위해 무엇 하나 제대로 한 게 없다.

하나님께 해 드린 것이라곤 그저 고백한 것뿐인데…

구원의 은혜에 감격하여 생명과 인생을 다 드리겠다는 고백

하나님 나라의 일꾼으로 인정받고 쓰임 받고 싶다는 고백

사소한 일이라도 좋으니 주의 일을 위해 사용되고 싶다는 고백

그런 고백을 드린 게 전부인데…

하나님은 실력 없고 능력 없는 나를

은혜로 감싸주시고 능력으로 세워주셨다.

비즈니스 선교라는 위대한 사역을 위해 써주셨다.

물론 쓰임에 합당한 그릇이 되기까지 시간이 필요했다.

부족함 투성이기에 유난히 더 많은 시간이 필요했다.

모자람뿐이기에 훈련에 훈련이 연속되어야 했다.

바라봄의 훈련

간절함의 훈련

기다림의 훈련

무릎의 훈련

낮아짐의 훈련

고독의 훈련…

내가 받아야 할 훈련은 너무나 많았다.

그만큼 나는 부족함뿐인 도구였다.

허점투성이인 그릇이었다.

그러나 하나님은 서서히 그 그릇을

주인의 선한 일에 쓰고자 준비해 나가셨다.

그리고 그 그릇에 본죽·본사랑·본미션을 담으셨다.

그 그릇은

본죽 비즈니스 미션 성경적 가치 경영을 이룰 도구가 되고 있다.

세상이 보잘 것 없게 보던 그 그릇을

성령은 친히 들어 쓰셨고

친히 역사를 이루어가셨다.

그리고 앞으로도 이어질 비즈니스 선교의

놀라운 역사를 예고하고 계신다.

여기까지

오직 주의 은혜로 왔고

지금도 주의 은혜로 가고 있으며

앞으로도 그 은혜에 힘입어 나아갈 것이다.

특히 하나님은 이 일을 위해 하나님의 사람들을 붙여주셨다.

많은 분들의 도움과 응원과 격려,

그 하나하나가 하나님의 선물이었다.

너무나도 귀하고 고마운 본월드·본사랑·본미션·본아이에프 우리 식구들,

그리고 사랑하는 가맹점 사장님들과 협력가족들

우리 브랜드를 사랑해 주신 고객들

한없는 신뢰로 날마다 기도로 함께해 주시는

우리 선교사님들과 형제자매들

무한 이해와 사랑으로 지지해 주는 남편 김철호 회장과 세 딸

모두에게 깊은 감사를 드린다.

마지막으로

이 책을 통해

비즈니스 선교의 토대를 이루어 가실 하나님께

모든 감사와 영광을 올려드린다.

본을 따르다

무엇에 문제가 생겼다는 것은
원래 생각한 그 무엇,
원래 지켜야 하는 그 무엇,
원래 따라야 하는 그 무엇에서
벗어나고 있음의 결과입니다.

**'근본을 잊지 않고
기본을 지키게 해달라고 기도하는 것'
그것이 하나님이 주신
우리의 영업비밀입니다.**

한결 같다

상황에 따라
음식의 맛이 달라지고
매장의 서비스가 변하면
그것은 배신이고 교만입니다.

한결 같아야 하죠.
하지만 쉽진 않습니다.

나빠서가 아니라
세상 일들이,
사람의 일들이
우리를 그렇게 만듭니다.

그래서
'처음 마음 먹었던 그 다짐과 행동을
잊지 않게 해달라고 기도하는 것'
그것이 하나님이 주신
우리의 영업비밀입니다.

감사
하다

세상에서 가장 부자로 살 수 있는 방법,
세상에서 가장 맛있는 음식을 먹을 수 있는 방법,
세상에서 가장 좋은 집에서 살 수 있는 방법.
그것은 바로 지금의 것에
감사하는 것입니다.

우리는 여러분들이 있어서
세상에서 가장 행복합니다.
그래서 감사함을 갖기 위해
오늘도 한 그릇, 한 그릇에 마음을 담습니다.

'감사해 하며 살게 해달라고 기도하는 것'
그것이 하나님이 주신 우리의 영업비밀입니다.

깨어있다

언제 맹수가 덤벼들지,
언제 이웃 적이 들이 닥칠지 모르던 때는
누군가가 깨어 있어야 했습니다.
가지고 있는 소중한 것을 지키기 위해서였죠.

깨어 있는 우리가 되고 싶습니다.
안주하고 만족하는 '우리가 아니라
늘 깨어서
우리를 괴롭히는 것들과 맞서 싸우겠습니다.
그 싸움의 전리품이 바로
세상 무엇과도 바꿀 수 없는
여러분들의 건강이기 때문이죠.

'늘 깨어있게 해달라고 기도하는 것'
그것이 하나님이 주신 우리의 영업비밀입니다.

BON

살얼음판을 걷다

겨울에 들어서면
저수지의 물이 얼기 시작합니다.
그런데 이 풋내 나는 얼음판은
언제 깨어질지 모르죠.
그래서 그 위를 걸을 땐
온갖 신경을 곤두세워야 합니다.
발걸음 하나하나.
몸 움직임 하나하나.

음식을 만드는 일도 똑 같습니다.
생명과 직결된 것이기 때문이죠.

'살얼음판 걷듯 기도하며 음식을 만드는 것'
그것이 하나님이 주신 우리의 영업비밀입니다.

함께 살다

쌀과 전복,
쌀과 야채,
쌀과 버섯.

우리는 함께 있을 때
더 돋보이고
서로를 격려하며
서로의 힘을 올려주는 것들을 공부했습니다.
그런 오랜 간구와 바람이 모여
본죽이 탄생했습니다.

우리의 죽이 그렇듯
너와 나, 손님과 가게, 기업과 기업도 함께 있어야
돋보이고 잘된다는 것을 믿습니다.

늘 '함께 해달라고 기도하는 것'
그것이 하나님이 주신 우리의 영업비밀입니다.

BON

뭉근하다

[세지 않은 불기운이 끊이지 않고 꾸준하다]

빠른 게 좋다고 합니다.
기차도 빨라지고
통신도 빨라지고
인터넷 쇼핑 배달도 하루 넘기는 것을 참지 못합니다.

그런데 여기
느려야 좋은 것이 있습니다.

은근하고 뭉근하게 끓여야 하는 죽.
그래야만 자신의 양분을 고스란히 드러내는 죽.
그래야만 부드러움을 갖추고 제 모습을 드러내는 죽.

우리의 죽이 그렇듯
우리가 행하는 모든 일에
늘 '꾸준히 인내할 수 있게 해달라고 기도하는 것'
그것이 하나님이 주신 우리의 영업비밀입니다.

본죽의 비즈니스 미션
성경적 가치 경영

초판 1쇄 발행 ┃ 2019년 11월 5일

지은이 ┃ 최복이
펴낸이 ┃ 본죽 비지니스미션 연구소
편 집 ┃ 홍태경
디자인·인쇄 ┃ 나우커뮤니케이션

펴낸곳 ┃ 본월드 도서출판
출판등록 ┃ 2013년 9월 9일
주소 ┃ 07541 서울시 강서구 양천로 75길 31 본월드미션센터 3층
전자우편 ┃ hjlee@bonworld.co.kr
대표전화 ┃ 02-3142-6202   팩스 ┃ 02-730-1559
홈페이지 ┃ www.bonworld.co.kr

ISBN 979-11-89767-04-4 03200

도서출판 본월드는 본월드미션과 협력해 세계 선교사들의 활동을
기록하고 후원하고자 출범한 본선교그룹의 종합출판 브랜드입니다.